外语学术普及系列

什么是生态语言学

黄国文　赵蕊华　著

上海外语教育出版社
外教社 SHANGHAI FOREIGN LANGUAGE EDUCATION PRESS

图书在版编目（CIP）数据

什么是生态语言学/黄国文，赵蕊华著.
—上海：上海外语教育出版社，2019（2021重印）
ISBN 978-7-5446-5958-1

Ⅰ.①什… Ⅱ.①黄…②赵… Ⅲ.①语言学—生态学—汉、英 Ⅳ.①H0-05

中国版本图书馆CIP数据核字（2019）第144728号

出版发行：**上海外语教育出版社**
（上海外国语大学内） 邮编：200083
电　　话：021-65425300（总机）
电子邮箱：bookinfo@sflep.com.cn
网　　址：http://www.sflep.com
责任编辑：潘　敏

印　刷：	上海宝山译文印刷厂有限公司	
开　本：	850×1168　1/32　印张 7.5　字数 207千字	
版　次：	2019 年 8 月第 1 版　2021 年 1 月第 2 次印刷	
印　数：	1 100 册	
书　号：	ISBN 978-7-5446-5958-1	
定　价：	26.00 元	

本版图书如有印装质量问题，可向本社调换
质量服务热线：4008-213-263　电子邮箱：editorial@sflep.com

外教社外语学术普及系列

出 版 说 明

"外语学术普及系列"是上海外语教育出版社专门为外语语言学和文学方向学习者策划出版的一套入门级学术读物,主要分为语言学和文学两大部分,涵盖了这两个研究领域的众多分支,作者多是外语语言学与文学领域的知名专家和教授。

我们希望通过解惑的方式达到传道授业的目的,所以力求简明扼要、浅显易读。本系列每本书均以问答的形式讲解学术领域的专业内容,语言学部分的分册每本包含约80个问题;文学部分的分册每本包含约60个问题以及1篇代表性文学作品的阅读赏析,每册书后均附有中英文对照的术语汇总,以期给读者提供更便捷的阅读参考。

相信本套丛书的出版能满足对语言学、文学研究感兴趣的读者的阅读需求,引领他们进入外语研究的学术园地。

什么是生态语言学

前 言

顾名思义,"生态语言学"(ecolinguistics)研究的是语言与生态之间各种各样关系的问题;进一步说,就是从生态的角度研究语言(系统)和语言使用(实例)。就这一术语的语法结构而言,"生态"是修饰语,"语言学"是中心词。"生态"有两个方面的解释。一是将"生态"解释为言语社区(speech community)生态,那么生态语言学就是有关语言与言语社区生态之间关系的学科,这是"豪根(Haugen)模式",也称"机构生态语言学"(institutional ecolinguistics),是生态语言学的隐喻研究模式。豪根模式以豪根1970年在奥地利布尔格瓦腾斯坦(Burg Wartenstein)的学术会议上发表的讲话《论语言的生态》(On the Ecology of Languages)为开端,已经发展了近半个世纪。生态语言学的隐喻研究模式关注的话题包括：语言的生存发展状态、语言多样性、消亡濒危语言保护、语言进化、语言活力、语言规划、语言推广、语言纯洁与净化、语言与现实世界的互动关系、语言多样性与生物多样性的关系、生态系统与文化系统等。其中,作为语言使用者的"人"构成了非常重要的因素,因为语言的状况与使用者的生活状况以及他(们)语言的生存状况联系紧密。这些研究与社会发展和文化传承有着密切关系。

另一种对"生态"的解释是自然生态,那么生态语言学就是有关语言与自然生态之间的关系的学科,这是"韩礼德(Halliday)模式",也称"系统生态语言学"(systemic ecolinguistics),是生态语言学的非隐喻研究模式。韩礼德模式始自韩礼德1990年在希腊的塞萨洛尼基(Thessaloniki)举行的第九届国际应用语言学大会所做的发言《意义表达的新方法：应用语言学的新挑战》(Halliday 1990/2001)，发展了将近30年。生态语言学非隐喻研究模式关注的是语言的使用对生态环境的影响，尝试通过分析语言来发现与生态相关的问题，揭示语言在反映和构建生态现实中的角色和作用，从而对人们的生态哲学观、生态伦理、生态价值观以及生态行为产生影响。

生态语言学的这两个研究模式是一枚硬币的两面，互为补充。从目前的情况看，在进行生态语言学研究时，研究者虽然受到本身的主体判断、研究目标、研究兴趣、研究专长和研究领域等因素的制约，难免会有所侧重，但是最终应该可以实现两者的有机整合。这是因为在生态系统中，语言和语言使用者都是生态系统的组成部分，言语社区环境也是生态系统的组成部分，因此对语言和言语环境之间关系的研究可以上升到对语言、人类、非人类有机体和自然环境之间关系的研究。

本书兼顾生态语言学的隐喻研究和非隐喻研究这两个路径。但是，出于三个方面的考虑，我们侧重生态语言学的非隐喻研究。首先，也是最重要的是，非隐喻研究可以囊括隐喻研究所涉及的问题，只是目前它们之间的某些有机联系尚未清晰地勾画出来。第二，生态语言学的非隐喻研究是由系统功能语言学创始人韩礼德发展起来的，我们信奉和践行系统功能语言学思想多年，对其相关的理论框架和研究方法较为熟悉，在此基础上可以有所扩展和创新，如"和谐话语分析"(harmonious discourse analysis, HDA)的提出。第三，当前生态问题越来越严重，诸如大气污染、极端天气、物种灭绝、资源匮乏、食品安全等都极大地影响了自然环境、非人类生命体以及人类自身的可持续发展，而这些问题正是生态语言学非隐喻研究的关注焦点。

致力于生态与语言问题研究，把学术研究置于社会实践，把理论用于解决现实问题，这是新时代语言工作者的重任（黄国文、文秋芳2018）。我们需要将目光投向生态与语言问题，承担起语言学家的"社会责任"(social accountability)，呼吁大家关注环境问题，增强生态意识,积极投身生态文明建设的行列。这是新时代对我们的要求,也是我们在当前形势下做出的选择。

为了呈现生态语言学的发展历程,梳理国内外研究现状,介绍生态语言学的核心思想、基本概念、研究路径、研究内容以及发展趋势,本书的安排如下:

问题1—11是生态语言学概述,介绍生态语言学的由来、发展与现状、学科属性和研究模式。除此之外,还介绍了生态语言学研究中的五个基本理念,即生态系统、生物多样性、生态平衡、生态位和可持续发展。

问题12—18回顾了国外生态语言学研究,介绍了国外生态语言学研究的代表人物,如阿尔温·菲尔(Alwin Fill)、阿伦·斯提比(Arran Stibbe)、苏内·沃克·斯特芬森(Sune Vork Steffensen)、斯蒂芬·考利(Stephen Cowley)等。这部分由周文娟撰写。

问题19—31是生态语言学的核心概念介绍,包括生态语言学传统经典研究路径的概念(如环境话语与生态话语、生态语言学与语言生态学、生态话语类别)和一些容易混淆的概念(如批评话语分析、生态批评话语分析、和谐话语分析等)。

问题32—43是生态语言学的本土化研究,其中问题32、33是有关本土化研究的概述,由周文娟撰写;问题34—43展现的是中国生态语言学学者在中国语境下所开展的研究。

问题44—56介绍了生态语言学的研究方法、研究思想和研究内容。指导生态语言学研究的思想有研究者的生态哲学观、生态伦理和生态价值观。生态语言学的研究内容涉及对生态话语的事实判断和价值判断,对人类与非人类生命体生态身份的识别,发掘语言中的生态因素和非生态因素,探索不同语境下的故事以及增强生态意识、开展生态教育、提升生态素养、培养生态人等重要内容。

问题57—68讨论了在系统功能语言学的框架下开展生态语言学研究的可行性,主要包括对生态话语中及物系统、逻辑语义系统、人际意义系统和语篇系统的分析。

问题69—71对当前全球的生态语言学发展态势和研究前景做出

展望,并对学科发展中年轻学者的培养问题提出一些建议。

我们很高兴邀请到内蒙古工业大学的周文娟来参与本书的部分撰写工作。周文娟在生态语言学领域已经从事了多年的研究,曾到丹麦南丹麦大学语言交流系做访问学者,发表了多篇有关生态语言学的介绍和概述性论文,译介了国外研究的一些成果,对国外的生态语言学研究状况比较熟悉,这也是我们邀请她来撰写有关内容的原因。

最近这些年,我们发表了一些探讨生态语言学的心得体会,也对国外的研究做了一些介绍。本书有些内容是根据这些文章整理而成的。在撰写本书的过程中,我们还参考了很多国内外同行的研究(见参考文献),并在介绍国内外研究成果的基础上,提出我们的一些看法和见解。希望这本书可以作为生态语言学入门者的学习用书和研究者的参考用书。

最后,本书是在很多人的支持和帮助下完成的。首先,我们要感谢我们的工作单位华南农业大学(黄国文)和中山大学(赵蕊华)提供的研究平台。其次,还要感谢我们共同的学术朋友,包括陈旸教授(华南农业大学)、何伟教授(北京外国语大学)、陈瑜敏教授(中山大学)以及苏内·沃克·斯特芬森教授(丹麦南丹麦大学)、阿伦·斯提比教授(英国格鲁斯特大学)和阿尔温·菲尔教授(奥地利格拉茨大学)。正是在他们的鼓励和支持下,我们才顺利完成本书的撰写。

周文娟和华南农业大学语言生态学博士生谭晓春、李文蓓、哈长辰、张丹清阅读了本书的初稿,提出了很多有益的意见和建议,在此一并致谢。

我们还要特别感谢上海外语教育出版社的梁晓莉编辑,她的策划给了我们写作的动力。本书的责任编辑潘敏为本书的出版给予了很多帮助,提出了宝贵的修改意见和建议,谨此表示感谢。

我们撰写此书时力求严谨,但因时间仓促和水平所限,讹误恐难尽免,恳请读者指正。

黄国文 赵蕊华
2019 年 5 月

目录

生态语言学概述 / 1

1 生态语言学是在什么背景下兴起的？/ 3
2 生态语言学在国外的发展历程和现状是怎样的？/ 6
3 生态语言学在中国的发展历程和现状是怎样的？/ 9
4 生态语言学与生物语言学有什么联系和区别？/ 15
5 生态系统、生物多样性、生态平衡、生态位和可持续发展的含义是什么？/ 17
6 生态语言学的学科属性是什么？/ 23
7 生态语言学的跨学科属性表现在什么方面？/ 25
8 什么是微观生态语言学和宏观生态语言学？/ 27
9 微观生态语言学和宏观生态语言学的联系和区别是什么？/ 29
10 生态语言学的传统经典研究模式是什么？/ 31
11 生态语言学可以向其他语言学学派和其他学科借鉴些什么？/ 34

国外生态语言学研究 / 37

12 国外生态语言学研究的主要代表人物有哪些？/ 39
13 阿尔温·菲尔的主要观点有哪些？/ 41
14 阿伦·斯提比做了哪些研究？/ 43
15 苏内·沃克·斯特芬森的生态语言学思想是什么？/ 45

16 斯蒂芬·考利做了哪些研究？／47

17 生态语言学研究的其他代表人物有哪些？／49

18 国外生态语言学对中国生态语言学发展的启示有哪些？／52

生态语言学核心概念释析 ／ 55

19 如何辨析环境话语和生态话语？／57

20 语言生态研究和生态语言研究的区别是什么？／59

21 对生态话语的分析和对话语的生态分析的区别是什么？／61

22 话语分析的发展简况是怎样的？／63

23 什么是批评话语分析？／65

24 什么是积极话语分析？它与批评话语分析的关系是怎样的？／67

25 什么是生态批评话语分析？／69

26 什么是和谐话语分析？／71

27 生态(批评)话语分析、话语的生态分析、和谐话语分析、批评话语分析和积极话语分析之间的联系和区别是什么？／73

28 生态话语的类别有哪些？／77

29 如何从不同的话语分析视角对同一话语进行解释？／79

30 语言多样性面临的威胁是什么？／84

31 为什么要保持语言多样性？／86

生态语言学研究的本土化 ／ 89

32 生态语言学研究的本土化体现在什么方面？／91

33 如何实现生态语言学研究的本土化？／93

34 和谐话语分析的内涵是什么？／95

35 和谐话语分析提出的动因是什么？／97

36 和谐话语分析所蕴含的中国传统哲学思想有哪些？／98

37 和谐话语分析的目标和假定是什么？／101

38 和谐话语分析的原则是什么？／ 103

39 和谐话语分析的理论指导、研究方法和研究对象是什么？／ 108

40 汉语的生态语言学研究主要有哪些观点？／ 111

41 和谐话语视角下的中国"故事"有哪些？／ 113

42 中国的生态语言学本土化研究对国际生态语言学有哪些贡献？／ 115

43 当前在中国对生态语言学研究的误解有哪些？／ 117

生态语言学研究的主要内容 ／ 119

44 生态语言学学者与生态学学者的区别是什么？／ 121

45 生态语言学的研究方法有哪些？／ 124

46 什么是生态哲学观？／ 126

47 对生态哲学观的另一种看法是什么？／ 129

48 什么是生态伦理？／ 130

49 什么是生态价值观？／ 133

50 生态话语分析的事实判断和价值判断是什么？／ 135

51 生态话语中的人类和非人类生命体的生态身份和生态关系是怎么建立的？／ 138

52 语言的生态因素和非生态因素是什么？／ 141

53 挖掘不同语境下的"故事"的方法是什么？／ 143

54 什么是生态人？／ 145

55 如何开展生态教育、提高生态学习能力？／ 148

56 什么是生态素养？／ 152

系统功能语言学视域下的生态语言学研究 ／ 155

57 系统功能语言学与生态语言学有何渊源？／ 157

58 为什么系统功能语言学可以作为生态批评话语分析的框架？／ 158

59 指导生态话语分析的系统功能语言学核心思想有哪些？／ 161

60 韩礼德的研究与马克思主义语言学有什么关系?／163

61 韩礼德的生态语言学思想有哪些?／165

62 什么是绿色语法?／168

63 使用分层模式进行生态话语分析的原因是什么?／170

64 如何进行生态话语分析的经验意义分析?／172

65 生态话语的逻辑语义分析的关注点有哪些?／175

66 如何进行生态话语分析的人际意义分析?／176

67 如何进行生态话语的语篇功能分析?／180

68 如何利用元功能思想展开生态话语分析的实证研究?／184

生态语言学的发展趋势 ／ 193

69 全球化背景下生态语言学的发展态势是什么?／195

70 中国生态语言学有何发展祈愿?／197

71 怎样让更多人加入语言与生态问题研究的行列?／200

汉英关键词对照表 ／ 202

参考文献 ／ 210

什么是生态语言学

生态语言学概述

1
生态语言学是在什么背景下兴起的?

夫大人者,与天地合其德,与日月合其明,与四时合其序,与鬼神合其吉凶。先天而天弗违,后天而奉天时。天且弗违,而况於人乎?况於鬼神乎?

——《周易·乾卦》

事事有时节,天下任何事皆有定时:生有时,死有时,栽种有时,拔除栽种的亦有时……

——《圣经·训道篇》

不管是西方《圣经》还是东方传统哲学抑或是儒家学说,不管是科学探索还是商业发展抑或是人们的日常生活,人类与自然以及自然中其他生物的关系都是其中一个永恒的主题。

人类文明发展史展现了人与自然的关系变化过程,确切地说,是人对自然的态度和行为的变化过程。在原始文明阶段,即远古时代,人类对自然认知甚少、充满畏惧,所能做的是在未知的环境中求生存;在这个时期,人类臣服在自然的脚下,听天由命。进入农耕文明阶段,即人类古代文明时期,人类对自然有了初步了解,于是顺应自然并进行提高生存和生活可能性的初级活动。到了工业文明阶段,即经历了工业革命的近现代社会,随着科技进步和设备完善,人类将自然中的一切都用于提高生产和生活质量,彰显了人类对自然的支配和操控,在促进生产力发展方面实现了质的飞跃,积累了大量社会物质财富。

但是,工业文明所带来的生态问题日益严重,例如人们无节制地开发自然资源所造成的人与自然之间的问题,人类语言多样性和文化多样性缺失所造成的人与人之间的问题,物种加速灭绝以及生物物种和遗传资源多样性严重损失所造成的人与其他非人类生命体之间的问题,人口急剧增长和社会老龄化所造成的人口、物资分配不均和贫富差距问题,还有大气污染和环境破坏之类的环境问题,等等。人们逐渐意识到对自然的无知以及人们自己的傲慢态度和无节制行为已经使生态系统不堪重负。在这样的情况下,很多国家的政府、社会团体、非政府非营利机构和环境保护支持者都付出巨大的努力来解决问题,或者说至少是采取措施来缓解生态环境问题的恶化。而来自各个领域的学者和志愿者也意识到其社会责任和社会担当,积极参与到生态保护的行动中来贡献自己的一份力量。地球是一个存在本体,人们保护生态行动的受益者不仅仅是地球,还有人类自身、我们的下一代和我们作为一个物种的整体存在。

目前,人类正处在工业文明向生态文明的过渡时期。我们无法彻底抛弃工业发展,但是需要将生态环境的可持续性作为发展的出发点、立足点和量尺。例如,在科技领域,科技不再仅仅为经济发展服务,而是越来越多地走近自然、了解自然、保护自然、修复自然;反之,自然的状况也成为判断科技适用性的标准。又如,在经济领域,经济与生态相结合,绿色资本(green capitalism)、绿色营销(green marketing)等以生态环境持续发展为基础的新型经济发展形式相继出现,实现经济增长和生态保护的相互促进和均衡发展。

我们作为语言学者,曾被许多人问过这样一个问题:生态语言学到底可以为生态环境做什么?不少人认为生态学(ecology)可以帮助人们了解生态知识,生态工程学(ecological engineering)可以将生态保护落到实处,那么,生态语言学能做什么?简单地说,要解决生态环境问题,生态学和生态工程学所起的作用是"硬实力",而生态语言学所起的作用是"软实力"。我们无法保证通过语言可以立竿见影地直接解决生态环境问题,立刻改变生态现状,但是,通过语言往往可以来改变人们对生态环境的态度和行为。生态语言学可以从语言的角度向人们揭露生态问题,展示生态现实,帮助人们在阅读和交流中透视生态现象,提升他们的生态意识(ecological consciousness)和生态素养(ecological literacy),培养敬畏自然、热爱周围每一个物种的生态人(eco-man)。只有在思想和意识层面有了生态的观念,形成生态自觉性,才能广泛而有效地指导人们的生态行动,实现生态发展的"知行合一"。这是一个漫长的过程,但却是改变生态现状的根本途径之一。

2

生态语言学在国外的发展历程和现状是怎样的？

关于语言与生态的关系（如语言与自然环境、语言与社会、语言使用者与语言的关系等）的研究已经有很长的历史，黄国文（2016a）曾提到，在威廉·冯·洪堡特（Wilhelm von Humboldt，1767—1835）、爱德华·萨丕尔（Edward Sapir，1884—1939）、布罗尼斯拉夫·卡斯帕尔·马林诺夫斯基（Bronislaw Kasper Malinowski，1884—1942）、约翰·鲁伯特·弗斯（John Rupert Firth，1890—1960）、约翰·约瑟·甘柏兹（John Joseph Gumperz，1922—2013）、约书亚·艾伦·费什曼（Joshua Aaron Fishman，1926—2015）、戴尔·海瑟薇·海姆斯（Dell Hathaway Hymes，1927—2009）等已故著名语言学家的著作中，都可以找到语言与生态关系问题的相关论述。但是，将这些问题研究作为一个学科来构建，则是最近几十年的事。出于对该学科属性的不同理解和对学科研究内容的偏向，研究者所使用的术语也不尽相同：有的人使用的是"the ecology of language"（语言的生态）或"linguistic ecology"（语言的生态学），而有的人则使用"ecological linguistics"（生态的语言学）或"ecolinguistics"（生态语言学）；国内有一些学者（如范俊军 2005：110；冯广艺 2013：1）明确指出"生态语言学"也称"语言生态学"，并没有对它们进行区分。当然，不同的术语产生于不同的背景，有着不同的含义和意义，然而从目前国内外情况看，"ecolinguistics"（生态语言学）用得比较普遍，是能够囊括这个学科属性的术语。

生态语言学在国内外有不同的发展历程。国外的生态语言学相对于国内发展较早、历史较长，因此也更为成熟，且呈现出更多样化的研究路径。国外生态语言学的学科发展大致可以分为萌芽阶段、发展阶段和多样化阶段。生态语言学的萌芽主要指豪根和韩礼德的经典生态语言学研究模式的形成(见问题10)。发展阶段是指利用豪根模式展开对语言与其言语社区关系的研究,包括语言政策、语言规划、语言保护和语言活力等问题(这方面我国汉语界学者已经做了很多工作),以及借助韩礼德模式展开的语言对生态环境的影响的研究,包括对语言中施事、指示语、委婉语、名物化结构等问题的讨论。21世纪以来,以斯提比(见问题14)、斯特芬森(见问题15)和考利(见问题16)等为代表的国外生态语言学家在不同理论的指导下,从更多路径将生态语言学研究带入了新的阶段,实现了生态语言学与不同学派、不同学科的结合和融合(见问题7、11),向生态语言学的整合性和多样化迈进。斯特芬森和菲尔(Steffensen & Fill 2014)提出了生态语言学的四种概念化途径,即符号生态(symbolic ecology)、自然生态(natural ecology)、社会文化生态(sociocultural ecology)和认知生态(cognitive ecology)。考利在一个访谈中(周文娟、斯蒂芬·考利 2017)将豪根视为符号生态派的代表,将斯提比视为自然生态派的代表,将韩礼德视为社会文化生态派的代表。这种划分或许有些生硬,但对初学者可能很有帮助。

如果以豪根发表的文章(Haugen 1970, 1972/2001)作为标志,国外的生态语言学已经有接近50年的发展历史,主要可分为五大学术研究群体(见李美霞、沈维 2017),他们是以阿尔温·菲尔为代表的"格拉茨团队"(Graz Group)、以乔尔格·多尔(Jørgen Døør)和乔尔格·克里斯蒂安·邦(Jørgen Christian Bang)为代表的"欧登塞团队"(Odense Group)、以彼得·缪尔豪斯勒(Peter Mühlhäusler)和约书亚·纳什(Joshua Nash)为代表的"阿德莱德团队"(Adelaide Group)、以路易莎·马菲(Luisa Maffi)为代表的"地球语言组织"(Terralingua)和以希尔登·荷奴里奥·库托(Hildo Honório do Couto)为代表的"巴西利亚小组"(Brasília Group)。目前,国外生态语言学的发展已经相对成熟,建立了生态语言学网站,成立了正式的学术组织,发表了大量论文并出版了一些专著。比较有影响力的网站有菲尔建立的 http://www-gewi.uni-graz.at/ecoling/ 以及斯提比建立的 http://www.ecolinguistics-association.org。在国际上比较有影响力的学术组织是国际生态语言学学会(The International Ecolinguistics Association, IEA)。该学会是在2004年斯提比建立的"语言与生态中心"的基础上重新组建的,现已经有约700位成员。在已发表和出版的论文、论文集和专著中,较为经典的论文有 Haugen(1972/2001)、Halliday(1990/2000)、Fill(2001)、Stibbe(2005, 2014)、Bang & Trampe(2014)、Steffensen & Fill(2014)、Eliasson(2015)等,论文集和专著包括 Fill & Mühlhäusler(2001)、Mühlhäusler(2002)、Garner(2004)、Bang & Døør(2007)、Stibbe(2012, 2015)、Fill & Penz(2018a)等。

3

生态语言学在中国的发展历程和现状是怎样的？

中国的生态语言学(包括语言生态学)研究主要经历了两个阶段，即引入阶段和本土化(localization)阶段(见问题32—43)。在中国，最早使用"语言生态学"这个术语的应该是郑通涛(1985)，接着是李国正(1987,1991)。到21世纪初，黄知常、舒解生(2004)，范俊军(2005)，王晋军(2005)等人相继在国内有影响力的期刊上介绍了生态语言学。中国的语言学研究者开始学习并利用国外的一些方法和框架展开研究，不过大部分研究都集中在豪根模式，只有少数人引介了韩礼德模式下对语言与生态环境之间关系的研究。最近这些年来，在综合考虑中国的发展背景和话语环境后，多位学者(包括黄国文、何伟、辛志英、苗兴伟、王晋军、陈旸、赵蕊华等)积极推动系统功能语言学视角下的生态语言学研究(见问题57—68)，其中，黄国文提出了"和谐话语分析"，力图将生态语言学研究本土化(关于生态语言学的本土化研究方向还可参见范俊军、马海布吉 2018)，尝试在特定的语境中解决特定的问题。在多位学者的共同努力下，生态语言学在中国发展迅猛。截至2019年5月4日，中国知网收录的以"生态语言学"为主题的论文数量截图如下(按照发表年度统计)：

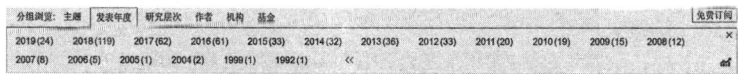

图1　中国知网"生态语言学"学术论文年度发表情况统计-1

若以柱状图来显示统计结果，可以更直观地看出生态语言学研究在国内的发展趋势：

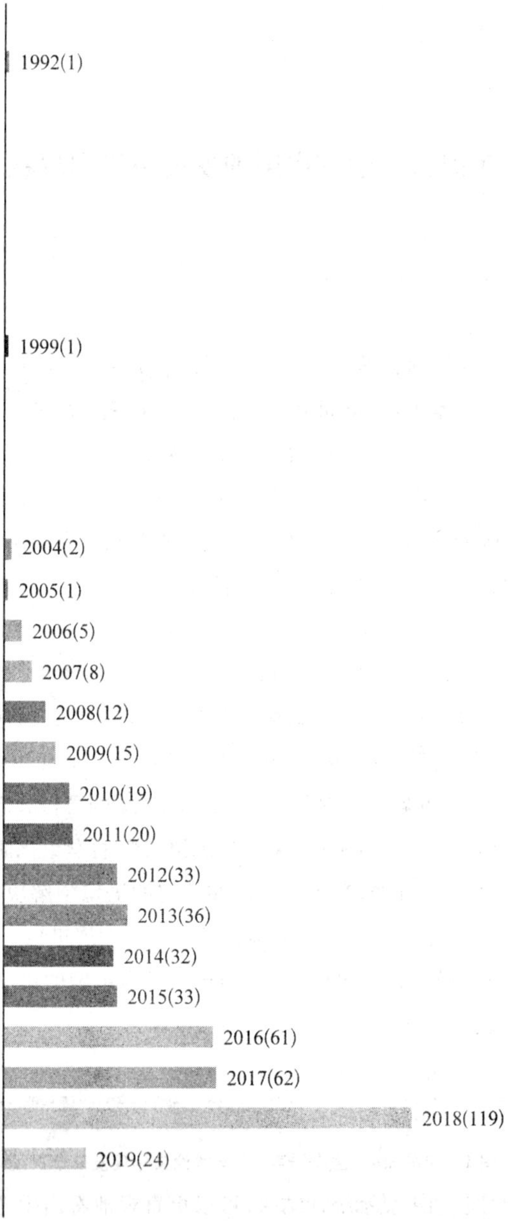

图 2 中国知网"生态语言学"学术论文年度发表情况统计-2

图1和图2显示：1992年中国知网以"生态语言学"为主题的论文只有1篇，时隔7年后，1999年出现了1篇，再过5年之后（2004年）出现了2篇，到2012年共21年时间只有117篇论文；而从2013年开始到2019年5月，不到6年的时间就出现了367篇论文。从1992年的1篇，累积增加到2019年5月4日的484篇，说明了这个学科学术论文发表在快速增长，也在一定程度上反映了这个学科越来越受人关注，影响在逐步扩大的一种发展趋势。

近几年来，国内多家学术期刊发表了多篇生态语言学论文，如《中国外语》《外语教学与研究》《现代外语》《外语教学》《外语与外语教学》《外语研究》《当代修辞学》《国外社会科学》《暨南学报》《外国语文》《当代外语研究》《当代外语教育》《西安外国语大学学报》《北京第二外国语学院学报》《北京科技大学学报》《鄱阳湖学刊》《浙江外国语学院学报》；有多家期刊设置"生态语言学"专栏，如《中国外语》《外语与外语教学》《外国语文》《北京科技大学学报》《北京第二外国语学院学报》。《外国语言文学》2018年第5期更以"生态语言学"为题做了专号，刊登了9篇论文。这些学术期刊为中国的生态语言学研究搭建了交流平台，为中国生态文明建设贡献一份力量。若要了解更多关于中国生态语言学的研究概况，可参见李玖、王建华（2018）。

除了学术研究的推进和学术成果的积累，中国生态语言学的发展还体现在专题学术会议的召开、专题研修班的举办以及专门课程的开设上。例如，中国学者策划组织召开的"国际生态语言学研讨会"已经召开了三届。第一届于2016年11月在华南农业大学召开，第二届于2017年8月在北京外国语大学召开，第三届于2018年10月在贵州师范大学召开，而第四届会议将于2019年8月在南丹麦大学召开。华南农业大学先后举办了三期"生态语言学讲习班"（2017年6月和8月，2018年11月），北京外国语大学先后召开了三次"中国生态语言学战略发展研讨会"（2017年4月，2018年10月，2019年4月），外语教学与研究出版社举办了Unipus网上"生态语言学"课程（2017年3月），并开设了两期"生态语言学"研修班（2018年9月，2019年7月），参加的学员是来自全国100多所高校的教师。

除在本土辛勤耕耘,中国生态语言学研究者还注重与国际同行的合作,积极参与国际生态语言学学会的活动:学会的中国地区代表是黄国文教授,系统功能语言学主题代表是何伟教授,中国还有两个国际生态语言学学会的合作伙伴,分别是华南农业大学的生态语言学研究所(Center for Ecolinguistics)和厦门大学的生态文学小组(Ecological Literature Group)。2017年4月,在国际生态语言学学会的支持下,中国生态语言学研究会(China Association of Ecolinguistics)成立,会长是北京外国语大学的何伟教授,三位副会长是北京师范大学苗兴伟教授、广州大学王晋军教授和华南农业大学陈旸教授,名誉会长是华南农业大学黄国文教授和北京外国语大学王文斌教授。

随着世界范围内生态语言学的蓬勃发展,越来越多的中国学者开始关注这个领域,出现了更多的研究路径、研究模式和研究方法,这也是我们现在所看到的生态语言学的多样化发展。如何实现"求同存异",即如何在保持不同研究方向的生机的同时实现整合(见问题69),是我们需要思考的问题。另一个富有挑战性的任务是:中国学者的研究怎样在基于中国语境的同时走向世界,与国际同行一起进行生态语言学研究。

国际生态语言学研究的同行很关注中国生态语言学的发展状况和中国学者的观点。例如,国际生态语言学学会主席、英国格鲁斯特大学生态语言学教授阿伦·斯提比在致2016年11月于华南农业大学召开的首届国际生态语言学研讨会的贺信中写道:

> Discourse analysts can critique contemporary destructive discourses like consumerism and neoliberalism, and analyse Chinese sources for positive alternatives, using the framework of Harmonious Discourse Analysis proposed by Professor Huang Guowen. (话语分析者可以批评当代的生态破坏性话语,如消费主义话语和新自由主义话语,进而分析源自汉语的具有积极意义的话语。对于这一类话语分析

者来说,建议采用黄国文教授提出的"和谐话语分析"作为理论框架。)(阿伦·斯提比 2019:255)

国际生态语言学学科主要奠基人、奥地利格拉茨大学阿尔温·菲尔教授在致首届国际生态语言学研讨会的贺信中说道:

(China … a country) which has all the resources for doing marvelous work in ecolinguistics and which has already contributed its own ideology to ecolinguistics: harmony is the great word which characterizes the Chinese attitude to ecolinguistics, and harmony is something we urgently need in all parts of the world … China is an ideal country for enlarging and widening the ideas of ecolinguistics: China has a great number of important linguists who can add further dimensions to ecolinguistics, but China is also a country in which ecolinguistics is particularly important — I am thinking for instance of its great diversity of languages and cultures, but also of the diversity of its plants, animals and landscapes(中国有着推动生态语言学取得重大成就的丰富资源,并为世界范围内的生态语言学注入了重要的哲学思想——和谐。"和谐"是一个非常了不起的词,它表达了中国人对生态语言学的态度,也是在世界各地我们迫切需要的东西!……中国是拓展和丰富生态语言学思想的理想之国。一方面,中国拥有许多举足轻重的语言学家,他们有能力进一步拓展生态语言学的研究维度;另一方面,从中国的语言、文化、动植物和自然景观的多样性来看,生态语言学对中国的重要意义不言而喻。)(阿伦·斯提比 2019:255-256)

《劳特利奇生态语言学手册》(Fill & Penz 2018a)第 441 页出现了中国的生态哲学、儒家、道家、和谐思想与生态语言学研究的关系,也说到中国学者(如周文娟)所做的生态语言学研究;第 6 页和第 437 页讲到了中国华南农业大学生态语言学研究所黄国义的有关学术活动。

从上面的例子和斯提比(见阿伦·斯提比 2019:vi)的话语看,国际生态语言学研究界是关注中国学者的研究的,也是对中国学者采用"和谐"这个关键词和研究视角感兴趣的。菲尔和彭茨(Fill & Penz 2018a:441)在谈到中国的生态哲学观与生态语言学研究时说,在今后的几十年里,这方面还有很多工作可以做。

4

生态语言学与生物语言学有什么联系和区别?

生态语言学与生物语言学(biolinguistics)只有一字之差,但是它们所包含的内容却有很大不同。它们的相似之处在于两者都在一定程度上与自然紧密联系,它们最基本的差异是生态学(ecology)与生物学(biology)的不同。

在上一个问题中,我们已经提到生态语言学研究的两个经典传统模式,即豪根模式和韩礼德模式。豪根模式研究的是语言与言语社区的关系,以社会中的语言生活为基点,以语言发展和语言平衡为目标,是一种隐喻的生态语言学研究。韩礼德模式是一种非隐喻研究,它试图通过揭示语言对生态环境的影响以达到唤醒人们生态保护意识的目的。生物语言学研究的是语言的生物属性,分为狭义生物语言学(special biolinguistics)和广义生物语言学(general biolinguistics)。狭义的生物语言学研究语言的起源、本质和多样性,而广义的生物语言学则延伸至儿童语言习得(child language acquisition)、神经语言学(neurolinguistics)和病理语言学(clinical linguistics)等。

生态语言学和生物语言学的第一个相似之处在于其跨学科属性。生态语言学研究可能出现生态学、语言学(linguistics)、人类学(anthropology)、心理学(psychology)、社会学(sociology)、认识论(epistemology)、传播学(communication)的交叉,而生物语言学则涉及生物学、语言学、人类学、心理学和病理学(pathology)等等。第二,两者都是从"自然"的视角看待语言,将语言置于自然中,为语言研究提供新的途径。第二,生态语言学和生物语言学都有学者主张动态地观察研究对象,注重关系和过程,而不是以静止的视角观察独个个体。

生态语言学与生物语言学的不同主要体现在以下五个方面:

(1) 研究对象和研究目标不同。生物语言学的研究对象是语言的生物属性,研究目标是揭示语言的本体属性、知识属性和概念属性;它视语言为一种自然现象。而生态语言学的研究对象是语言的生态属性和社会属性,研究目标是揭示语言在包含人类社会系统在内的生态系统中的功能和影响;它视语言为生态系统的组成部分,是一种社会文化现象。

(2) 哲学根源不同。生态语言学的哲学根源有西方的辨证哲学和中国的传统道家和儒家思想等。生物语言学的哲学根源则是普遍主义、天赋主义和演化认识论等。

(3) 开展研究的语言观有所不同。生态语言学(韩礼德模式)源于系统功能语法创始人韩礼德对英语非生态因素的描述,而生物语言学则源自20世纪50年代乔姆斯基的转换生成语法。从事生态语言学研究的人,通常采用"功能的语言观"(a functional view of language),强调社会、环境对语言的影响;而从事生物语言学研究的人,通常采用"形式的语言观"(a formal view of language),强调基因、生理对语言的影响。前者属于功能主义(functionalism),后者属于形式主义(formalism)。

(4) 对自然的解读不同。对于生态语言学而言,"自然"更多的是指外部环境,如不同的语境和环境;而对于生物语言学来说,"自然"主要是指人的基因、生理因素。

(5) 由于不同的哲学根源、不同的研究对象和语言观,生态语言学和生物语言学采取的研究方法也不相同。虽然当前生态语言学还没有统一的研究方法,但常见的做法是利用批评话语分析和系统功能语言学的研究框架开展文本分析、语料库分析等;而生物语言学则以方法论自然主义为指导,利用转换生成语法或者普遍语法进行讨论。

简单地说,生态语言学侧重生态环境(即豪根模式中的言语社区、韩礼德模式中的语境),而生物语言学侧重生物环境,但是两者还是有可以相互借鉴之处,正如认知语言学(cognitive linguistics)与生态语言学之间的关系一样(见问题11)。

5

生态系统、生物多样性、生态平衡、生态位和可持续发展的含义是什么?

（1）生态系统

所谓生态系统（ecosystem），就是一个网络中的各个成分之间错综复杂的生态关系。成分之间的互相关联、互相影响、互相制衡的结果就形成了一个系统，达成生态的平衡（见本问题第二部分）。生态系统既可以指最高层面的、囊括一切的、整体的生态系统，也可以指构成整体生态系统的各个生态子系统。整体的生态系统是生态学的最高层面，也是生态语言学最终的研究对象；生态子系统可以分为森林生态系统、海洋生态系统、农田生态系统、城市生态系统等；不同生态系统中的组成成分的生态位（见本问题第三部分）和生态身份（见问题51）有所不同。生态系统具有和谐性、有序性、动态性和开放性：和谐性是指生态系统中的多样性以及各个成分之间的相互适应和融合；有序性是指生态系统中结构与功能的统一；动态性是指生态系统中各个成分之间的能量流动和关系变化以及生态系统的时空特征；开放性是指生态系统不断吸取外部能量，从而实现自身的可持续存在。

我们在前面谈到了生态语言学研究的两个经典模式：豪根模式主要研究语言及语言使用者的问题，目的在于保护语言多样性，实现语言生态平衡；韩礼德模式主要是对语言系统中的非生态因素进行批判性分析（即生态批评话语分析 eco-critical discourse analysis）（见问题25），或者尝试通过变革语言系统和语言使用，使语言更适合表征自然界的生态系统和生态关系（即绿色语法 green grammar）（见问题62）。在这两种模式下,生态系统蕴含不同的生态意义:前一种模式将语言自身作为生态系统,关注语言发展中各个因素的协调,如经济生态、企业生态、政治生态等形式;而后一种模式则是将语言置于更大的生态系统中,考察语言对生态系统中其他成分和环境的影响。在这一视角下,语言是组成生态系统的重要成分之一,它与生态系统的其他成分形成相互影响、相互制约的关系,同时为实现生态平衡(ecological equilibrium)注入能量。如果语言可以为生态系统注入积极的能量,则可以调节生态系统中各个成分的关系和能量流动,对实现生态平衡有促进作用;反之,则可能损害生态平衡。

(2) 生物多样性和生态平衡

生物多样性(biodiversity)包括遗传多样性(genetic diversity)、物种多样性(species diversity)和生态系统多样性(ecosystem diversity)。对生物多样性的解释最少有三种:第一种认为生物多样性体现为层次性,第二种将生物多样性与生命形式多样性等同,第三种则将生物的基因及其与生态环境的关系视为生物多样性。不论采取哪种观点,生物多样性都离不开"丰富"这一概念。简单地说,理想的生物多样性包括一个物种的基因的丰富程度、地球上生物种类的丰富程度和生态系统的构成、功能和过程的丰富程度。生物多样性是生态平衡的表现之一。

在豪根模式下,语言自身是一个生态系统。在这个生态系统中,语言的多样性(language diversity)与生态学意义上的生物多样性一样,是生态平衡的一种表现。从生态语言学的视角出发,语言的多样性是语言生态平衡的常态。这与自然环境中的生物多样性是一样的。俗话所说的"一方水土养一方人"就是物种多样性的体现,而"一方水土养一方说某种语言(方言)的人"就是从生态语言学的角度出发谈论的。宇宙不可能只有一种物种,同样,人类世界也不可能只有一种语言。生物多样性既可指不同的生物,也可指同一种生物的不同变异。语言的多样性也是一样:汉语、英语、西班牙语等是不同的语言,美国英语、英国英语、印度英语、新加坡英语等是同一种语言的不同变体。有了语言的多样性,就有了文化的多样性。生态的平衡是各种生物在整个生态系统中的健康生存状况。如果只有一两个成分,系统就不存在。如果系统中的成分之间无法平衡,整个系统就会遭到破坏,无法形成一个有机的整体。生态平衡保证了生态圈的正常运作,语言生态的平衡保证了说不同语言的人之间的正常生活和沟通,从而促进文化生态的平衡,这样人类社会的可持续发展就有了保障。

在韩礼德模式下,语言是生态系统的一个组成部分。语言作用于生态系统的自然环境和其他生物,因此我们要坚持和倡导有利于保持生物多样性的话语,批判和抵制破坏生物多样性的话语,从而帮助实现生态平衡。亚历山大和斯提比(Alexander & Stibbe 2014:105)所给的生态语言学定义强调生命可持续关系。生命可持续关系包括人类之间的生命可持续关系、人类与其他非人类有机体的生命可持续关系以及人类与自然环境的生命可持续关系。可持续关系可以保障生物多样性,维护所有动物(包括人类)、植物和微生物的基因延续和它们的生存环境,有利于实现生态平衡。因此,生态语言学的重要任务是要研究并展现语言在生物多样性和生态平衡中的作用和影响。

总而言之,维护生物多样性在豪根模式下体现为对各语言的维护,所以我们会研究语言发展的社区环境和语言的活力,会关注语言的扩张和消亡。在韩礼德模式下,维护生物多样性体现为对各物种以及它们之间的相互作用和相互影响的关注,所以我们会批评或批判不利于非人类生物生存的话语,号召人们保护非人类生物和自然环境,实现万物和谐共生与协同进化。

(3)生态位

要实现生态平衡,我们要考虑一个基本问题:生态位(ecological niche)。百度百科对生态位的定义是:"一个种群在生态系统中,在时间空间上所占据的位置及其与相关种群之间的功能关系与作用"。这个定义传递两层含义:一是种群与它特定生态环境的对应,二是种群与其他种群的特定关系。为了维系生命的可持续关系,种群要对特定环境做出反应。如果生态环境良好,资源丰足,那么种群的需求可能扩大,发展加速;相反,如果生态环境恶化,资源匮乏,种群也可能减少其需求，发展放缓，有时甚至改变自身来适应环境变化以求生存。种群与其他种群的关系也是特定的，他们有各自的定位和功能，例如人会养家禽作为肉食来源，老虎作为食肉动物会捕食兔子，等等。也就是说，种群的定位与其行动相联系，我们无法让家禽享有与人类相同的地位，也无法让老虎吃素。我们需要重视的是种群的发展是否与环境相适应，是否是有度的。

目前在对待生态问题上，分为人类中心主义（anthropocentrism）和非人类中心主义（non-anthropocentrism）。前者以人为中心，强调人的利益和福祉，以人的感知与认知为尺度衡量世间万物；后者处在另一端，分为动物解放/权力论（animal liberation / rights theory）、生物中心论（biocentrism）和生态中心论（ecocentrism）三个流派。非人类中心主义各流派的共同观点是泛主体论，即所有的成分都是价值和伦理的主体，与人类享有共同的权利。在这个时代，坚持人类中心主义存在诸多问题，但是采取非人类中心主义（特别是类似动物/解放权力论一类的激进主义）也不具有可行性。前者漠视环境和资源的极限性，过度消耗资源，伤害其他非人类生物，不利于生物多样性发展和生态平衡；后者忽视了生态位的内涵，否认人类不同于非人类生物的权利和能力。为了达到生态和谐，就要在了解生态系统各个成分的生态位的前提下，维持各个种群的正常关系，在适应不断改变的环境的同时调节自身行为。因此，在人类中心主义和非人类中心主义之外，我们提出了"以人为本"（people-orientedness）（见问题37）。"以人为本"承认人类在生态系统中高于其他物种的能动性和智慧，关注的是人类制造和面临的生态问题、对自然环境和其他非人类生物的影响以及应该承担的生态责任。从这个意义上来说，我们无法批判人类利用自然环境发展自身的行为，但是我们要有节制，要对自身的问题有正确的认识，要利用人的智慧和能力改善不利于生物多样性和生态平衡的状况，从而实现可持续发展。

在这三个视角下，由于人类的不同定位，生态系统中其他生物的生态位（包括它们与所处环境和与人类的关系）都有相应的变化。当人类认为生态环境可以为其发展提供合适的机会和资源时,会从自己的利益出发,利用生态环境获取福利;但是当人类意识到生态环境已经无法承载其索取时,就会考虑其他有机体的福祉以及整个生态系统的平衡。对于不同的种群而言,其生态位所涉及的环境以及与其他种群的关系不同,而这些环境和关系对每个种群的重要性也不相同。例如,人和鱼离开氧气都无法生存,但是人类是哺乳动物,靠肺呼吸,从空气中吸氧,而鱼靠鳃呼吸溶解在水中的氧气。因此,人没有水还可以生存几日,但是鱼一旦离开水很快就会死亡。

生态位是一个值得深入研究的话题,尤其是关于生态位与身份认同之间关系的问题。另外,关于语言生态位问题,可参见李文蓓(2018)。

(4) 可持续发展

从2012年起,我国做出大力推进生态文明建设的战略决策。生态文明建设就是要坚持可持续发展,将经济发展上升到可持续的、绿色的高度,追求经济增长与生态保护的和谐共生和良性循环。我国的主要媒体(如新华社、《人民日报》及其官方英文版 *China Daily*)最近几年都一直在倡导处理好生态保护与经济增长的关系,从而实现可持续发展。从更广的范围来说,可持续性(sustainability)指人与自然、人与其他有机体、人口、环境、资源等关系的可持续性,它在不同的研究模式下有不同的解释。

豪根模式下的可持续性可以看作语言的可持续发展,是通过一系列与语言相关的活动保持语言的活力和多样性,减少语言消失和濒危的可能性。而就生态语言学的非隐喻研究而言,我们可以从两个定义来看可持续性的含义。第一个是维基百科(Wikipedia)对生态语言学的定义:

> Ecolinguistics examines the influence of language on the life-sustaining relationships of humans with each other, with other organisms and with the natural environment(生态语言学研究语言

对人类之间、人类与其他有机体之间以及人类与自然环境之间的生命可持续关系的影响)。

该定义的核心是"生命可持续关系",这一可持续关系包括人类之间的生命可持续关系、人类与其他有机体的生命可持续关系、人类与自然环境的生命可持续关系。

第二个定义来自亚历山大和斯提比(Alexander & Stibbe 2014:105):

> Ecolinguistics is the study of the impact of language on the life-sustaining relationships among humans, other organisms and the physical environment. It is normatively orientated towards preserving relationships which sustain life.(生态语言学是有关语言对人类、其他有机体和物理环境之间生命可持续关系的影响的研究。它将研究定位于保护那些维持生命的关系)。

由此可见他们将生态语言学的研究目标设定为:维护生命可持续关系。相比豪根模式,韩礼德模式的要求更高,因为其研究目的已不仅限于语言的可持续性,而是扩展到人类、非人类有机体、环境、语言等万事万物的可持续性。因此,生态语言学不仅要研究与生态有关的话语,而且要研究任何与"生命可持续关系"有关的话语。

当然,可持续性在不同的生态伦理(见问题48)视角下有不同的解释,在不同的国家和地区也有不同的说法。例如,持人类中心主义的人会认为人类的可持续性是我们所要关注的,而持非人类中心主义的人则认为生态系统整体(包括生态系统的所有组成部分)的可持续性是我们所要关注的。

6
生态语言学的学科属性是什么?

在生态转向(the ecological turn)的历史环境下,很多学科都与生态有关,这被视作"生态泛化"(ecological generalization)现象(见黄国文 2016b)。在人文社科领域,涉及生态研究的有生态心理学(ecological psychology)、生态女性研究(ecofeminism)、生态社会学(ecological sociology)、生态批评(ecocriticism)、生态美学(ecoaesthetics)、生态文学(eco-literature)、生态语言学等等。

目前,学界对生态语言学的学科属性有三种主要观点:第一种认为它是交叉学科(interdisciplinary),也就是生态和语言的交叉,如范俊军(2005);第二种认为它是应用学科(applied disciplinary),主要是应用不同学科并将其糅合到生态语言学中以解决实际问题,如黄国文(2016a)、赵蕊华(2018a)等;第三种认为它是超学科(transdisciplinary),是超越生态学、语言学、哲学、生物学、认知科学、社会学、政治学(political science)等的学科,如何伟(2018)。何伟将生态语言学视为超学科是受了斯特芬森(见何伟、魏榕 2017a)和斯提比(见何伟、魏榕、Stibbe 2018)的影响。

从本质和特点而言,生态语言学是跨学科的,它不局限于某一学科,而是跨越了至少两个学科(即生态学和语言学),只不过在不同观点下生态语言学所跨领域的广度和高度不同。如果将生态语言学视为应用语言学,那么它属于语言学;但如果将生态语言学视为超学科,那么它在语言学和生态学之上,当然就不属于语言学了。

生态语言学一词由"生态"和"语言学"构成,至少涉及语言与生态两个学科的问题。此外,生态语言学研究还可能涉及伦理、美学、文学、批评理论等方面,因此它的本质就是跨学科的,我们可以说它的属性是多学科的或者跨学科的。由于其跨学科的属性,在研究生态和语言的关系时,就有不同的理论来源、研究框架、研究路径和研究方法。随着生态语言学内不同理念和不同方面的融合,该学科就展现出其自身特点,形成了生态语言学作为一门相对独立学科的研究原则和研究目标。我们说生态语言学是跨学科的,其基点是中心词"语言",而修饰词"生态"是一种视角,就如我们平时所说的社会语言学(sociolinguistics)、心理语言学(psycholinguistics)、认知语言学一样。简单地说,生态语言学属于广义的应用语言学(黄国文、陈旸 2018a)。与生态语言学直接或间接相关的应用语言学学科分支有:社会语言学、接触语言学(contact linguistics)、复兴语言学(revival linguistics)、记录语言学(documentary linguistics)、生物语言学、进化语言学(evolutionary linguistics)等,它们与生态语言学所探讨的问题有些是相同的、相似的或相关的,比如我们在问题4谈到的生态语言学与生物语言学的联系,再比如社会语言学所关注的社会因素对语言变异的影响也与生态语言学的隐喻研究有互通之处。

要全面深入了解语言在生态系统中的作用和语言自身作为生态系统的运行机制,要发展生态语言学这一学科,就必须不断从不同的学科领域中汲取给养,促进不同学科之间的对话,在思考和总结的基础上,实现生态语言学的学科整合,而不是将它们零散地拼凑在一起。

但是,在中国语境下,生态语言学需要有自己的学科归属,这样有利于初学者展开研究而不至于与其他学科混淆。如果将生态语言学所涉及的领域无限扩大,它可能可以包含所有的学科。因此,生态语言学可以被视为一门独立的学科,但是它的特点和表征是跨学科研究(见问题7),这需要研究者从不同的领域进行讨论。至于跨领域的"度"如何把握,则视研究者的学术视野和研究目的而定。

7
生态语言学的跨学科属性表现在什么方面？

生态语言学的跨学科属性是一个广义的概念，它包含两个方面的内容，即生态语言学的跨学科表征和学科生态学化（李继宗、袁闯 1988）。

生态语言学的跨学科表征是指生态语言学所吸取的其他学科的思想，所借用的其他学科的方法和框架，目前较为常见的有认知科学、心理学、社会学、政治学、美学和文学等。作为语言学的分支，生态语言学与这些语言学流派紧密联系：话语分析（discourse analysis）、系统功能语言学（systemic functional linguistics）、语用学（pragmatics）和认知语言学等。

学科生态学化是指学科发展的生态化趋势以及这一趋势在一些实践领域对生态语言学的影响。过去的几十年里，越来越多的学者认识到生态对人类生存的影响，并开始从生态学的视角看待世界，审视人类过去和现在的所思所想和所作所为。生态学视角的采用使得许多学科生态学化，催生了很多与生态相关的新兴学科，如环境生态学（environmental ecology）、人类生态学（human ecology）、经济生态学（economic ecology）、区域生态学（regional ecology）、城市生态学（urban ecology）、教育生态学（education ecology）等等。学科生态学化推动了不同的学科与生态学发生关系，从生态的角度审视学科的特性和发展。目前，"生态"一词用得越来越宽泛和普遍：从国家决策者、社会知名人士到在校学生、工人、商人、农民都在谈论生态，而谈论的内容涵盖了政治、经济、社交、教育、日常生活等与生态相关的方方面面。

目前,不得不承认的一个事实是:生态语言学属新兴的、尚未完全定性的语言学分支学科,还没有单一的理论作为指导或框架,也没有普遍接受的分析步骤和分析方法。从学科的性质来说,作为广义的应用语言学,生态语言学的特点是从理论语言学中获取有用的概念、方法、原则来分析和解决自己关注的问题。

8

什么是微观生态语言学和宏观生态语言学？

语言学可以分为"微观语言学"(micro-linguistics)和"宏观语言学"(macro-linguistics)。前者是有关语言的语义、词法、句法和音系的研究，而后者将研究延伸到非语言现象以及语言与其他学科的交织，不局限于语言本体内部。这一区分也可以视为"弱式"(the weak version)和"强式"(the strong version)之间的差别。在语言学中，许多概念都有"弱式"和"强式"之分，例如萨丕尔—沃尔夫假说(Sapir-Whorf hypothesis)、交际语言教学(communicative language teaching)、应用语言学等等，生态语言学也不例外。这是根据研究范围、研究目的和研究性质做出的区分，不存在优劣之分。"微观生态语言学"(micro-ecolinguistics)和"宏观生态语言学"(macro-ecolinguistics)与"弱式生态语言学"和"强式生态语言学"传递的意义近似，使用哪个术语都是研究者对意义的选择。

根据不同学者对生态语言学的定义，黄国文、陈旸(2018a)对宏观生态语言学和微观生态语言学做出了解释。他们认为宏观生态语言学属于超学科概念，将几乎所有研究都纳入"生态"的视野下，而微观生态语言学则属于语言学研究范畴，关注焦点在语言与环境的关系上。以斯特芬森(华南农业大学第3期生态语言学讲习班发言)、芬克(Finke 2014, 2017)、何伟(2018)等为代表的学者认为生态语言学是超学科的：生态语言学研究不能局限在对语言的研究，而应扩展到人类行为、生物体生命、人类伦理、认识论等广阔领域。在这一视角下，只要与生态和语言有关的问题都可以成为研究对象。这样一来，"生态"一词的使用就非常宽泛，"几乎所有与'环境'有关的问题都可以联系到生态,因为'生态学'基本的含义就是生物体与其周围环境(包括非生物环境和生物环境)间的相互关系和相互作用"(黄国文2016b:11)。在这一视角下,生态语言学不是一门独立的学科,正如斯提比所说,"我希望生态语言学不要成为一门独立的学科",不要受各种严格的方法和步骤所局限(何伟、魏榕、Stibbe 2018:22-23)。这一点我们已经在问题6中谈到过。

以邦和多尔(Bang & Døør 1993)为代表的研究者认为生态语言学属于批评语言学(critical linguistics),是广义的应用语言学,其研究的问题是生态危机中语言和语言学参与的方式。此外,即使斯提比在采访中将生态语言学研究视为宏观的(何伟、魏榕、Stibbe 2018),但是他本人在专著《生态语言学:语言、生态与我们信奉和践行的故事》(Stibbe 2015)中将生态语言学研究设定为批判破坏生态平衡的语言,寻找可以激励人们维持生态平衡的语言形式。在这一观点下,斯提比是从微观角度定义生态语言学的,关注的只是语言和生态的关系。

除了斯提比,菲尔(Fill 2018)也对生态语言学的学科属性表达了两种态度。他认同斯提比的看法,认为微观生态语言学是目前的主流,但同时他也认为斯特芬森是最活跃的生态语言学研究者之一,也就是赞同宏观生态语言学研究路径。可见,他并不反对宏观的研究路径。造成这一现象的原因可能有两个:目前生态语言学的研究状况和对将来生态语言学发展的期望。由于生态语言学还属于新兴学科,我们研究的出发点还是在语言与生态的交互上,这是目前的现实。但是,一些生态语言学家希望生态语言学可以借助更多不同学科的理论和方法,将生态深入到各个学科之中,影响人类生活的方方面面,为学科发展和人类与生态的和谐共处勾画一个更宏伟的蓝图。

因此,宏观生态语言学和微观生态语言学的区分与如何看待生态语言学的学科属性紧密联系。宏观生态语言学将生态语言学视为超学科,认为它高于诸如生态学、语言学、社会学等一级学科,而微观生态语言学将生态语言学等同于诸如社会语言学、心理语言学等二级学科。

9

微观生态语言学和宏观生态语言学的联系和区别是什么?

生态语言学是跨学科的,但是如果夸大其超学科性是不现实的。就目前的研究状况而言,要立刻把生态语言学当作一门独立于语言学或者生态学的学科,还需要一段很长的时间。比较可行的做法是,将微观生态语言学和宏观生态语言学置于一个连续统上,如下图所示:

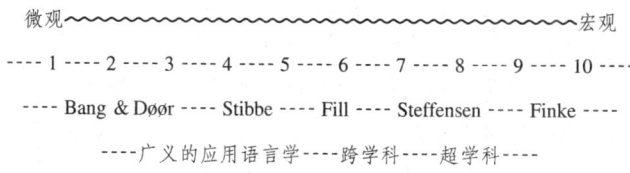

图 3　微观—宏观生态语言学(黄国文、陈旸 2018a,略有调整)

在图 3 中,第一行代表连续统的两端:微观生态语言学和宏观生态语言学。微观一端把生态语言学当作广义的应用语言学,即威多森(Widdowson 2000)所说的"语言学应用"(有别于狭义的应用语言学,如语言教育、语言教学),突出语言学理论在研究和解决语言与生态关系问题上的作用。按照这种区分,微观生态语言学是归属于一级学科"语言学"的二级学科。宏观一端则把生态语言学当作位于一级学科之上的学科,也就是超学科。从问题 8 可知,邦和多尔属于微观生态语言学的代表,斯特芬森和芬克属于宏观生态语言学一派;由于斯提比在不同场合做出不同解释,而菲尔也表达了对两种研究法的赞同,根据我们对他们的论著的研究,我们认为他们靠近但不完全属于微观生态语言学的那一派。简而言之,在微观视角下,生态语言学属于语言学的范畴(即生态语言学小于语言学);但是在宏观视角下,语言学则属于生态语言学的范畴(即生态语言学大于语言学)。

10

生态语言学的传统经典研究模式是什么?

在前面的内容中,我们已经提到了生态语言学的两个传统经典模式,即豪根模式和韩礼德模式,这两个模式是目前学界普遍接受和认可的。也正是因为存在这两个模式,部分生态语言学的入门者易对一些概念产生混淆(见问题 19—21)。

(1) 豪根模式

豪根模式常常被理解为"语言的生态学",也被称为"机构生态语言学"(Halliday 2007)。早在 1964 年,语言学家、人类学家卡尔·沃格林(Carl Voegelin)等就使用了"语言生态学"一词,不过豪根(Haugen 1970)对语言生态学的阐述被视为生态语言学的基石。豪根模式的生态语言学研究是隐喻的,他把语言和言语社区的关系比喻为生物和自然环境的关系,认为语言生态学要研究的就是"任何特定的语言与其环境的相互作用"(interactions between any given language and its environments)(同上)。豪根在这里所说的"环境"是指"使用某一语言作为语码的社会"(the society that uses a language as one of its codes)(同上),而非生态自然环境。其实,语言学界普遍所说的"语言是工具"和"语言有结构"也是隐喻,因为相关学者假定语言本身没有生命,也没有一般生物所具有的"实在特性"(tangible qualities)。

豪根提出语言生态学概念的动机之一,是要引起人们对语言与语言环境的关系的重视。语言有自己的生态环境,包括所用语言的社会以及语言使用者的态度。语言的生态环境是语言发展和语言保护的基本保障,而语言作为载体又肩负着文化传承和社会发展的重任。当语言生态实现了平衡,文化生态的平衡才能实现,人类社会的可持续发展才有希望。因此,语言生态学通过研究向人们呼吁:人类要安居乐业和幸福生活,必须实现生态平衡;同样,人类要顺畅沟通、传承文化、和谐发展,也必须重视语言的多样性;语言生态平衡是人类和平和谐相处的有力保证。

(2) 韩礼德模式

韩礼德模式下的生态语言学研究是非隐喻的,通常被称为"系统生态语言学"(Halliday 2007)。生态语言学的非隐喻模式将人类本身视为大自然的一个必不可少的组成部分,与生态系统的其他成分一样是生态系统中的一个子系统。我们的所作所为、所思所想由我们与其他群体的关系和与自然环境的关系(也就是我们的生态位)所决定,反之,也对这些关系产生重要影响。

语言是人类生存生活中的一个重要部分:我们用语言来传播知识和表达想法(描述世界)、进行社会交流(人际互动)、组织信息(谋划话语)。换句话说,语言使我们能够相互沟通、传递信息、继承文化。语言反映现实,建构世界(Halliday 1990/2001:179),作用于人类对生态系统的认知并引导人们的行动。因此,语言是人类作用于生态的一个基本工具,是非常复杂的生态系统的一个组成部分;语言的本质和语言在人类社区中的角色是由生态因素决定的(Garner 2004:33-34)。

韩礼德模式强调语言在各种生态问题中的重要作用,突出语言学家的社会责任,提醒语言学家要为保护生态环境做出自己的贡献。该模式把语言的体系和语言的发生与自然生态联系起来,认为语言体系、语言政策和语言规划必须以维护人类社会良好的生存环境为出发点和落脚点。目前,韩礼德模式的追随者主要开展了三个方面的研究:一部分研究是从生态批评的角度分析话语,揭示话语中的非生态特征;一部分研究尝试通过改变语言系统模式和语言使用方式,寻求更适合生态描述的语言,使语言的发生和使用都更符合自然生态系统;还有一部分研究通过分析生态系统中各个成分的职能和相互关系来展示(生态)话语中的和谐因子,在反思生态现实的同时,寻找现实带给人们的启示。这三个方面分别就是生态批评话语分析、绿色语法与和谐话语分析的研究内容。

根据我们的理解,因为韩礼德模式把语言(语言系统、语言使用、使用语言的人)看作整个宇宙生态系统的一个组成部分,所以它的研究范围所涉及的因素比豪根模式要宽广得多,在一定程度上包含了豪根模式的部分研究内容。

11

生态语言学可以向其他语言学学派和其他学科借鉴些什么?

语言学的其他学派(如系统功能语言学、社会语言学、心理语言学等)以及语言学之外的其他学科(如心理学、美学、伦理学等)都表达了对生态问题的关注,并从不同的进路对生态问题展开研究。鉴于篇幅原因,这里仅以认知语言学和生态心理学为例,展示生态语言学与它们之间的关系以及相互借鉴之处。

(1) 生态语言学与认知语言学的交叉

表面上看来,生态语言学与认知语言学没有直接关系,但是它们至少在三个方面有共通之处。首先,它们都是相对于"形式主义语言学"的"功能主义语言学",都不把语法看作自主系统,都考虑语言与其他因素(包括使用语言的人、社会环境、文化传统)的关系。其次,它们都探讨"人"的问题。认知语言学探讨人类的认知和语言的人本性,而生态语言学(特别是生态批评话语分析)则批判人类中心主义。这两者虽然有重叠,但是仍然存在差别。对于认知语言学来说,人本性是中性的,指的是人类的思想意识。而对生态语言学来说,人类中心主义是有失偏颇的,是不正确的,是需要批判和抗争的。目前学界也对生态语言学中"人"的地位提出不同看法,认知语言学或许可以借此契机为"人们克服自己思想上的偏见"提供一种途径(Mühlhäusler 2003;朱长河 2008)。第三,生态语言学和认知语言学都关注语言与现实的关系。生态语言学,特别是韩礼德模式,强调语言对生态环境的影响,强调语言建构现实;认知语言学受"现实社会构建论"影响,"强调现实是由语言建构而成的"(王馥芳 2017)。从这一点看,它们是一致的。因此,这两个学科可以相互借鉴,从而扩大研究思路、丰富研究成果。

值得注意的是,这里讨论的生态语言学与认知语言学的交叉与斯特芬森所说的语言生态的认知进路有所不同。斯特芬森在其讲座"走向互动生态:行动中的认知生态"(Towards an Ecology of Interactivity: The Cognitive Ecology in Action)(2016年11月,北京)中基于分布式语言(distributed language)(见问题16)视角提出的认知动态(cognitive dynamics)展示了生态视角下语言对即时行为的影响以及语言的生态作用,这不同于认知语言学所研究的意识所展现的意义和形式的配对。

(2)生态语言学与生态心理学的交叉

关于如何利用生态心理学的给养理论(the theory of affordances)进行生态语言学研究,黄国文、王红阳(2018)已经进行了初步讨论。吉布森(Gibson 1979/1986:127)对给养理论的定义是:环境所能提供或配给动物的,也许是有利的,也许是有害的(The affordances of the enviroment are what it offers the animal, what it provides or furnishes, either for good or ill.)。由此可见,给养理论讨论的是环境与动物(包括人)之间的关系,这与生态语言学的韩礼德研究模式有共通之处。

给养理论强调环境与观察者的交互性和互动性。举个简单的例子,对于人来说,树木可以制成纸张,可以提供给人类"阅读"或者"写作"的给养性;但是对于鸟来说,树木是它们的栖息地,是它们的家,提供给鸟的是"居住"的给养性。给养理论提出,人和非人类动物会根据自己的感知和与环境的互动来判断环境所提供的给养是否适合其生存发展,从而调整自身行为。这也是生态语言学需要关注的问题。在讨论语言与言语社区的关系时,我们要了解言语社区的给养性,从而发掘语言多样性减少的原因;在研究语言与自然生态环境的关系时,需要关注环境对人类和非人类动物的给养性,以及在环境无法承载可持续发展时人类所做出的改变。

生态语言学与认知语言学的交叉以及生态语言学与生态心理学的

交叉只是生态语言学与其他学术流派和其他学科互动的一个缩影。我们相信生态语言学研究将来会出现更多的路径和更广阔的视野,这是其跨学科属性所决定的。

什么是生态语言学
国外生态语言学研究

12

国外生态语言学研究的主要代表人物有哪些?

国外生态语言学兴起于20世纪后半叶,大体上可以分为本体生态语言学研究和关系生态语言学研究。本体生态语言学研究主要回答"什么是生态语言学"的学科问题,涉及生态语言学内部的不同流派和理论。关系生态语言学研究主要探讨生态语言学作为一门新兴学科与其他学科的关系,也就是我们在前面所提到的"超学科"研究和"生态研究泛化"等问题。介于二者之间的研究可以称作"中观生态语言学研究"(黄国文、陈旸 2018a;周文娟 2019a)。这三类研究反映了全球语境下生态语言学的发展轨迹,即20世纪70到90年代是萌芽阶段——本体生态语言学研究,最近十几年关系生态语言学兴起,并逐渐向中观生态语言学发展,反映出这一新兴学科当前的多样化发展趋势以及未来的整合发展趋势(Zhou 2017;周文娟 2016;Fill & Penz 2018a)。

萌芽阶段主要代表人物有美籍挪威社会语言学家豪根和英国知名系统功能语言学家韩礼德。两位先驱人物为国外生态语言学理论建构做出了重要贡献,明确了进行生态语言学研究的隐喻视角和非隐喻视角。这两种视角分别称为"豪根模式"和"韩礼德模式",成为学界公认的经典理论(这点本书已经多次提到)。多样化发展阶段主要代表人物有奥地利的阿尔温·菲尔、英国的阿伦·斯提比、丹麦的苏内·沃克·斯特芬森、英国的斯蒂芬·考利等人。这些骨干人物主要活跃在欧洲和澳洲,并根据各自学术活动地域为各自研究团队命名,有奥地利的"格拉茨团队"、丹麦的"欧登塞团队"和"人类互动研究中心(Center for Human Interactivity)"等(见问题2)。

菲尔曾任职于奥地利的格拉茨大学,从20世纪80年代开始从事生态语言学研究。他组建了"格拉茨团队",并建立了专门的"格拉茨生态语言学研究"网站(见问题2)。鉴于他对生态语言学发展的贡献,斯特芬森评价他为"生态语言学之父"(何伟、魏榕 2017a)。斯提比现任教于英国格鲁斯特大学,创建了国际生态语言学学会。该学会吸纳了全球范围内主要的生态语言学研究机构和环境保护组织,成为当今国际生态语言学界非常有影响力和号召力的学术机构。值得一提的是,该学会有专门的生态语言学期刊《语言与生态》(*Language & Ecology*)和在线课程"我们信奉和践行的故事"(The Stories We Live by)。丹麦从事生态语言学的团队主要有两个:一个是早期的邦和多尔等资深生态语言学学者建立的"欧登塞团队";另一个是以斯特芬森和考利为核心的"人类互动研究中心",这一研究团队近年在学界较为活跃,与华南农业大学的生态语言学研究所以及中国生态语言学研究会等研究机构保持积极的学术互动与交流对话。

13

阿尔温·菲尔的主要观点有哪些?

菲尔主张生态语言学不同流派并非各自为政,而是互为补充,属于中观生态语言学研究范畴(周文娟 2019a)。在他早期与缪尔豪斯勒合编的《生态语言学读本:语言、生态与环境》(Fill & Mühlhäusler 2001)一书中明确界定了"豪根模式"和"韩礼德模式",并指出二者有共通之处(the interface of the two theories)。在他与彭茨主编的《劳特利奇生态语言学手册》(Fill & Penz 2018a)一书中,他继续坚持这样的主张,在《生态语言学的互补流派》(Complementary Strands of Ecolinguistics)一节中指出,"生态语言学"作为一个伞状术语,不仅包括作为经典模式的"语言生态"以及作为语言、话语与生态核心议题的"生态的语言学",还包括新兴的哲学模式(Fill 2018:5)。

菲尔本人致力于"应用生态语言学"(applied ecolinguistics)的建构,在认可语言多样性研究的基础上扩大其外延,强调语言以及生态语言学对外部世界和生态环境的认知和影响,以及研究者如何阐释这种影响去帮助解决相关的生态问题,突出生态语言学解决实际问题的应用潜势。他与彭茨合编的《保持语言可持续发展:应用生态语言学论文集》(Fill & Penz 2008)以及他本人的专著《语言影响:进化—系统—语篇》(Fill 2010)就集中体现了这样的主张,包括语言的经济性、语言的"人类中心主义""语言、冲突与和平"以及"语言多样性的功能"等核心议题。

菲尔还关注生态语言学的学科发展,他领衔主编的两本论文集《生态语言学读本:语言、生态与环境》以及《劳特利奇生态语言学手册》集中体现了他创建生态语言学学科框架的尝试和努力(见黄国文、陈旸2016a)。从这两本论文集的目录可以看到,在"豪根模式"和"韩礼德模式"两个经典模式的基础上,生态语言学还吸纳了"多模态话语分析""环境传播"等新议题。在《劳特利奇生态语言学手册》中,他提出了生态语言学未来发展的三个新方向:(1)扩展语言多样性的研究范围,可以延展到小语种、语言死亡、环境多样性等议题;(2)将媒体研究纳入生态话语分析,扩大话语形式范围,同时分析话语参与者的作用以及媒体对公众认知、科学和政治的影响;(3)突出生态语言学的超学科性,可以借鉴中国生态语言学研究成果,强调人类生态意识(Fill & Penz 2018b)。

基于以上学术观点,菲尔呼吁不同的生态语言学研究团队加强交流与合作,建立世界范围的"生态语言学学术共同体"(Worldwide Community of Ecolinguistics)。他认为生态语言学的多样化发展已经不再驻足于北美、欧洲、澳洲,而是延续到中国等非欧美国家。他本人身体力行,不仅建立了"格拉茨团队",还与国际生态语言学学会、丹麦的"人类互动研究中心"、中国的生态语言学研究所等研究团队保持积极互动。近年,他接受了中国的《鄱阳湖学刊》(2016年第4期)、巴西的《巴西生态语言学学刊》(*Brazilian Journal of Ecolinguistics, ECO-REBEL*)(2018年第2期)的专访,对全球语境下的生态语言学发展以及不同地区的生态语言学学术团体的交流和合作提出了中肯建议。

关于菲尔的生态语言学研究情况,可参见黄国文、陈旸(2016a)的综述。

14

阿伦·斯提比做了哪些研究？

上文在讨论生态语言学的学科属性以及对微观生态语言学和宏观生态语言学的介绍中提到，斯提比虽然认为生态语言学是超学科的，不过从他的理论和研究成果来看，他的研究仍然偏向微观生态语言学范畴。就理论方面而言，他尝试从不同理论框架出发构建生态语言学的理论体系和学科术语。他不仅明确界定了生态语言学的学术内涵和生态话语的不同类型，还提出了值得生态语言学家以及生态话语分析者信奉的"生态哲学观"（ecosophy）（黄国文 2018a）。在其集大成之作《生态语言学：语言、生态与我们信奉和践行的故事》（Stibbe 2015）一书中，他明确将生态语言学界定为有关语言与生命中可持续关系的互动研究。据此，他将生态话语划分为有益性话语（beneficial discourse）、中性话语（也称"模糊性话语"ambivalent discourse）和破坏性话语（destructive discourse），并列举了"生活！"（Living!）这一生态哲学观所包括的七个要素，即重视生活（valuing living）、福祉（well-being）、现在和未来（now and the future）、关怀（care）、环境极限（environmental limits）、社会公正（social justice）和恢复（resilience）（黄国文、赵蕊华 2017）。对生态哲学观的详细介绍见问题 46。

在实践方面，斯提比在认可韩礼德模式的基础上，根据生态话语的基本类型和生态哲学观，运用大量实例进行了意识形态（ideologies）、框架与构架（frame and framing）、隐喻（metaphor）、评估与评价模式（evaluation and appraisal pattern）、身份（identity）、信念与真实性模式（conviction and facticity pattern）、删略（erasure）和凸显（salience）等八种生态主题的话语分析。例如,在《被删略的动物:话语、生态和自然界的重新联系》(Stibbe 2012)一书中,他明确将生态话语分析的范围由人类扩展到非人类动物,强调人类与包括非人类动物在内的其他生命形式的密不可分的生态联系,提出非人类动物在生态话语体系中不该被忽略。这是删略类生态话语分析的典型范例。此外,他非常强调生态语言学的教育价值,重视环境教育以及可持续素养(sustainability literacy)的推广和提升。在《跨文化视野下的环境教育:超越浅环境主义话语》(Stibbe 2004)一文中,斯提比系统分析了日本 26 本英语课本中贯彻环境教育的途径和效果,指出这些课本在培养学生解决环境问题的意识和跨文化沟通方面存在的局限性。在他主编的《可持续素养手册:应对变化世界的基本技能》(Stibbe 2009)中,斯提比以忽视可持续发展的广告话语为例,建议学生深入挖掘大量报刊广告中假借提升生活质量名义,实则对生态系统产生破坏性影响的话语形式及交流模式。斯提比指出了提升可持续素养的基本步骤:首先,辨别以这类广告话语为例的破坏性话语的基本形式;其次,挖掘其内在话语模式;第三,反思这类话语对可持续发展带来的潜在影响;最后,采取有效行动抵制破坏性话语。可以说,不但斯提比提到的生态话语分类和生态哲学观对全球化语境下生态语言学发展作出了重要贡献,他本人对生态语言学与环境教育的探讨也为未来生态语言学的发展提供了一个重要借鉴思路,进一步拓展了菲尔的"应用生态语言学"的学术内涵。斯提比最新的研究成果是他主编的《生活在天气世界:与可持续发展重新联系之路》(*Living in the Weather-World: Reconnection as a Path to Sustainability*),计划将于 2020 年出版。

关于斯提比的生态语言学研究情况,还可参见黄国文(2018a)的综述。

15

苏内·沃克·斯特芬森的生态语言学思想是什么?

斯特芬森是欧洲新一代生态语言学的代表人物之一。他作为国际期刊《语言科学》(*Language Sciences*)的主编,在2014年与菲尔主持了一期"生态语言学"专号,其中他与菲尔合撰的《生态语言学:历史回顾与未来展望》(Steffensen & Fill 2014)一文对学界产生了重大影响。结合他先前的研究来看,他的生态语言学研究属于宏观生态语言学,其思想可以概括为哲学观、学科观、语言观和生态观四个方面。

从哲学上看,斯特芬森认为传统语言学中自然文化二元论的哲学立场对认识语言与生态的互动关系没有裨益,因为这种二分法割裂了自然与文化、语言和生态固有的联系,会使生态语言学研究陷入语言与自然生态相关性悖论的困境。在他早期与纳什主编的《语言、生态与社会:一种辩证模式》(Steffensen & Nash 2008)一书序言中,他明确列举了辩证语言学(dialectical linguistics)视角下概念化二分法的四种具体形式,包括事实与价值的二分法、理论科学与应用科学的二分法、普遍性与特殊性的二分法以及心智与世界的二分法。他提倡生态语言学研究应该采取辩证的视角,即从生态辩证哲学的角度出发看待人、社会和自然三者的关系。因此,他的这一思想现在又被称作"辩证生态语言学"(dialectical ecolinguistics)。

从学科上看,斯特芬森多次提到他将生态语言学看作重新定位语言学研究未来发展的生命科学的基本立场。这一立场包括生命系统对语言系统的包容性、语言学研究明晰的价值性以及生态语言学对语言学发展的变革性。据此,在2014年生态语言学专刊刊首语以及《生态语言学：历史回顾与未来展望》中，斯特芬森和菲尔呼吁建立一个统一的生态语言科学(a unified ecological language science)。他们在回顾20世纪70年代生态语言学兴起和发展的基础上，通过对比生态语言学和传统语言学，提出了生态语言学关于研究人类个体、群体和物种过程、活动以及这些过程和活动在有机体、社会和生态系统方面存在的局限性，并赋予生态语言学新的定义，即建立统一生态语言科学的基本构想。

从语言上看，斯特芬森反对传统语言学蕴含的语言线性还原论，提出了"自然化语言观"。这一语言观与传统研究语言观的不同在于对本体本质论(ontological essentialism)和本体现象论(ontological epiphenomenalism)两种本体论极端倾向的批判立场。他认为前者将语言看作本体论意义上的所谓"真实"的现象，而后者将使用看作一种取决于自然变化的虚无的现象学经验，二者共同的弊端在于都未从人类生命活动出发辩证地看待语言与生态系统的互动联系。

从生态上看，斯特芬森认为经典生态语言学对"环境"的不同识解引导了四种语言生态概念化的途径，即符号生态、自然生态、社会文化生态和认知生态。他认为不应该片面地阐释任何一种语言生态，而是应将这四种概念化途径统一纳入"自然化语言模式"，这就是他创建的"扩展生态假说"(extended ecology hypothesis)。他认为，这一假说可以融合上述四种概念化途径，形成单一解释框架内的描述维度(周文娟 2016)。根据斯特芬森的研究历程，以他为代表的"人类互动研究中心"倾向于对语言和认知生态的系统探索。

16 斯蒂芬·考利做了哪些研究？

考利是分布式语言研究会（Distributed Language Group）的创办者之一，是南丹麦大学的人类互动研究中心的核心成员之一。他的研究围绕生态语言学与生物生态学的相关性展开，包括分布式语言观（distributed language perspective）、生物生态共存观（bio-ecological awareness）、激进生态语言学（radical ecolinguistics）三个议题。这三个方面较有影响力的论著包括他主编的论文集《分布式语言》（Cowley 2011）、论文《生物生态和语言的必然统一》（Cowley 2014）和论文《生命和语言：意义生物符号性的探究》（Cowley 2018）。考利在由北京外国语大学中国外语与教育研究中心举办的生态语言学专题系列讲座（2018年10月，北京）中集中回顾和展望了这些研究（见刘佳欢、高然 2018）。

《分布式语言》分为历史背景和基本观点两部分。历史背景涉及分布式语言观养成的学术渊源和发展历程。在考利早期倡导的"分布式语言运动"（Distributed Language Movement）中，他与分布式语言研究会其他成员主张言语活动是在人脑、身体和外部世界协同运作下进行的，这就构成了语言学研究的分布式视角。这一运动对生态语言学发展的贡献之一是运用"伊布巴"（imbumba）等非洲文化哲学概念建立起自然与认知的联系，反对将自然科学与人文科学对立看待。这在本质上与生态语言学的哲学特质是一致的。因此，考利的分布式语言观与斯特芬森等人的主张一致，他们反对传统语言学的符号观，承认语言的集体性、个体性、对话性和感知性（斯蒂芬·考利2017）。

以分布式语言观为基础,考利提倡在生态语言学研究中推广生物生态共存观。这一观点的基本立场有两个:第一,语言是生物生态的一部分;第二,人类是世界的一部分。在培育人类生物生态共存观的过程中,考利强调应该在生态危机的大背景下引导生态人反思人类的过去、现在和未来,并思考生态语言学的价值和美学问题,即所谓的人类的自然性以及自然的人文性的统一。他特别指出这种以"伊布巴"为代表的生物生态共存观与中国古代的"天人合一"和谐观在本质上是契合的,二者都承认人类、自然、社会和心智的和谐统一(斯蒂芬·考利2017)。

考利在对生态语言学四种概念化途径进行评判的基础上,提出生态语言学的第五种范式,即"激进生态语言学"(也有学者把"radical ecolinguistics"这一术语翻译为"根性生态语言学""原始生态语言学"或"生命生态语言学")。这种新视角结合分布式语言观和生物生态共存观,主张言语活动(languaging)是生命系统的一个重要组成部分。他从生命和语言的关系出发,以斯特芬森等人的认知生态为基础,将生命生态语言学定义为语言、言语存在(languaging beings)和其他生命系统的双重关系研究。这里的生命系统含义广泛,包括人类、动物、植物以及菌类等生命形式,人类在这个生命系统中发挥主体作用。考利进一步指出,要建立这一新研究框架,需要生态语言学家秉承分布式语言观和生物生态共存观,将生命系统各组成部分与生态责任联系起来,探寻具有可行性和可操作性的实践路径。

17 生态语言学研究的其他代表人物有哪些?

除以上先驱人物和骨干人物外,生态语言学研究的其他代表有澳大利亚的彼得·缪尔豪斯勒(Peter Mühlhaüsler)、英国的马克·加纳(Mark Garner)、奥地利的理查德·亚历山大(Richard Alexander)、香港岭南大学的安德鲁·格特力(Andrew Goatly)等人。

缪尔豪斯勒是澳大利亚"阿德莱德团队"的带头人,也是《生态语言学读本》的主编之一,主要以克里奥尔语(Creole)作为重点研究议题。他出版的专著《环境的语言,语言的环境——生态语言学教程》(Mühlhaüsler 2003)选取生态旅游、广告、绿色运动、环境影响评估等作为语例,旨在引导学习者理解语言与世界的关系,树立批判的语言观和环境观。缪尔豪斯勒在该书中的基本论点是:环境问题具有多重性,解决途径之一就是保护语言的多样性。该书作为生态语言学的入门级读物,对于学习者了解生态语言学以及环境研究、生态旅游等议题的语言视角具有启发作用。

加纳的生态语言学代表作有专著《语言:生态学视阈》(Garner 2004)和论文《语言规则和语言生态》(Garner 2014)。《语言:生态学视阈》一书重点强调生态思维对合理认识语言与生态关系的重要性和启发性。其中蕴含的整体观、动态观和关联观可以帮助人类改变传统的语言规则观,从而深刻认识语言的创造性,进而帮助语言学家摆脱区分理论语言学和应用语言学的思维限制。在《语言规则和语言生态》一文中,加纳延续之前的研究立场,展现了描述性语言学和规约性语言学蕴含的语言规则观的局限性,并在此基础上指出应该从第一秩序言语(first-order languaging)和第二秩序语言(second-order language)的关系出发,将语言规则纳入社会文化的范畴进行考量。

亚历山大的生态语言学主张是从批评话语分析(critical discourse analysis,CDA)视角出发的,其代表作是《建构关于环境话语的框架:批评话语路径》(Alexander 2009)。在该书中,亚历山大采取案例分析法,分析了一系列反映环境和生态问题的语言和话语。分析所涉及的文本类型非常多样,包括公司网页、广告、新闻报道、演讲和讲座等,主要探究媒体、公司等机构使用语言表达生态危机中的立场和观点。他关注的核心问题如下:生态环境议题如何在文本中表达?不同来源的文本如何传达不同的生态问题?不同语域中的生态话语呈现何种语言特征?亚历山大与斯提比合撰的论文《从生态话语分析到话语的生态分析》(Alexander & Stibbe 2014)提出了"生态语言学应该进行话语的生态分析(the ecological analysis of discourse)"这一重要主张,对学界影响较大。

格特力是生态语言学早期绿色语法的倡导者,其理论建构的基础主要是基于系统功能语言学的及物性分析(如施事 agent、参与者 participant 和环境 circumstance 的分析)。在他发表于《劳特利奇生态语言学手册》一书的文章(Goatly 2018)中,他进一步分析了词汇语法与生态语言学的联系。此外,他与考利一同在 2018 年 10 月北京外国语大学中国外语与教育研究中心举办的生态语言学专题系列讲座中,结合生态学、物理学、过程哲学(process philosophy)、佛教、道教等基本思想,进一步拓展了他的生态语法理论(刘佳欢、高然 2018)。

除此之外,波兰的玛尔塔·波古瓦夫丝卡-塔菲尔斯卡(Marta Bogusławska-Tafelska)、俄罗斯的亚历山大·克拉夫琴科(Alexander Kravchenko)、巴西的希尔登·荷奴里奥·库托等人也值得关注。波古瓦夫丝卡-塔菲尔斯卡是剑桥学者出版社(Cambridge Scholars Publishing)"生态语言学丛书系列"的主编,代表作有专著《生态语言学:融合生命的传播过程》(Bogusławska-Tafelska 2016)。克拉夫琴科在生态语言学方面的代表作是论文《语言生态和生态语言学的两种观点》

(Kravchenko 2016a)和《语言的人类生态视角:语言教育的新议题》(Kravchenko 2016b)。他的研究立场与斯特芬森、考利等人基本一致,即:反对传统语言符号观,主张建立语言联系观。库托组建了"巴西利亚小组",并创建了《巴西生态语言学学刊》。他对生态语言学的学科发展线索比较清楚,曾系统地回顾了生态语言学的学科发展(Couto 2014)。上面三位学者还有其他学术论著,但由于分别是用波兰语、俄语和葡萄牙语写成的,读者范围有限,在国际上的影响就没有其英语专著那么大。

18

国外生态语言学对中国生态语言学发展的启示有哪些?

国外生态语言学研究对中国生态语言学的启示至少有以下五点:

第一,重视引进国外前沿成果的必要性。生态语言学兴起于国外,相比之下,中国生态语言学起步较晚,发展空间还很大。生态语言学的学科意义在于建立起语言学和生态学的联系,并在不断发展过程中为提升人类生态意识、实现人类社会可持续发展贡献自己的力量(周文娟 2018a)。生态语言学作为语言学研究的一个新视野,其重要性不容忽视(周文娟 2012a),有学者将生态语言学定位为未来跨学科发展的领跑者(a pacemaker)(Finke 2018)。因此,中国学界引进国外前沿成果是必要的。中国学者在这方面已做出了很多努力,从早期的译文(如菲尔 2004)到最新的专栏(如《生态学术名家专栏——阿伦·斯提比专辑》,详见《鄱阳湖学刊》2018 年第 1 期),再到由外语教学与研究出版社出版的译著(如阿伦·斯提比 2019),都体现了中国学界对引进国外成果的重视。

第二,重视在引介过程中甄别国外生态语言学研究成果的价值性(黄国文 2018b)。需要注意的是,国外生态语言学研究较少关注语言问题的价值性,这在当今以欧洲为主体的生态语言学界十分普遍(周文娟 2018a)。这种价值缺失会在一定程度上影响生态语言学的长远发展。因此,中国学界在引介国外理论的过程中,应该甄别不同理论的价值性。关于价值的判断可以有两个路径:(1)相关研究成果是否关注生态伦理、美学和道德(周文娟 2018a);(2)相关研究主张与"价值中立"(value-free)的研究立场是否有所区别(Zhou 2017)。中国生态语言学研究,特别是和谐话语分析,以

"天人合一"等中国传统哲学文化为基础,重视生态伦理在指导话语的生态分析和引导生态行动中的作用,强调个体世界观和价值观对分析结论的影响,具有显著的价值性。

第三,厘清中外学界学术渊源和学术传统的相关性。学术渊源指中外生态语言学发展共同的历史背景和哲学背景,学术传统指中外生态语言学家共同的研究取向和学术背景。就前者而言,中外共同的历史背景是全球生态危机的复杂性、人类生态意识的错位性以及全球学科发展的交叉性,共同的哲学背景则是西方二元思维的局限性和东方生态智慧的资源性。(周文娟 2016, 2018a)就后者而言,很多比较有影响力的系统功能语言学学者运用韩礼德模式相关理论,大力引介并构建中国语境下的"生态哲学观"。这种中外学术上的相关性为国外理论的引进和本土理论的创新建立了重要桥梁和纽带。

第四,强调中国生态语言学研究与国际学界的对话。中外学者和机构的对话近年来日益频繁,典型学术事件是在中国连续三年召开的"国际生态语言学研讨会"。首届国际生态语言学研讨会(2016 年 11 月,广州)由华南农业大学的生态语言学研究所发起,会议主题是"中国语境下的生态语言学研究",斯特芬森、乔纳森·韦伯斯特(Jonathan Webster)、李兴中(Charles X. Z. Li)、胡庚申、黄国文等学者参会并作主旨发言。会议议题涉及生态语言学发展状况、生态语言学理论研究、生态话语分析、汉外生态话语比较研究、语言多样性和文化多样性、语言接触和语码转换、生态语言学与翻译研究、生态语言学与语言教学。第二届研讨会(2017 年 8 月,北京)由中国生态语言学研究会发起,主题是"国际语境下的生态语言学研究",新增考利、斯提比、格特力、王文斌、何伟等学者做主旨发言,新增议题有功能语言学理论与生态话语分析范式、功能语篇分析与生态话语分析(见何伟、魏榕 2018a)。第三届研讨会(2018 年 10 月,贵阳)仍由中国生态语言学研究会组织,主题是"生态文明建设与生态语言学研究",大会报告人新增苗兴伟、文旭等学者,新增议题有生态文明建设与生态语言学、生态哲学思想、生态语言学研究范式、生态话语分析模式、生态语言学与语言教育、生态语言学与文学鉴赏与批评。第四届研讨会于 2019 年 8 月在丹麦的欧登塞召开,由人类互动研究中心组织,会议主题是"言语活动与生态文明:建构生命科学的共识"(Languaging and Eco-civilization: Towards Consilience with the Life Sciences),应邀做大会报告的有斯提比、克拉夫琴科、芬克、库哈(Kuha)、考利、摩尔(Moore)、库托、菲尔、拉尔森(Larson)、黄国文等。

第五,关注中国生态语言学理论体系与中国语境的对接。中国生态语言学的发展除了批判、辩证地看待国外研究成果外,还要在建构本土化理论体系过程中结合中国的实际情况,避免出现"水土不服"的问题。中国语境为本土理论体系提供了很好的土壤,诸如"和谐社会""生态文明"等重要内容都可以和中国生态语言学联系起来(周文娟 2017);正因为这一点,黄国文(2016b, 2017),赵蕊华、黄国文(2017)提出了"和谐话语分析"的构想。为了探索该学科在中国发展的重要问题,中国已经召开的三届"中国生态语言学战略发展研讨会"(第一届,2017 年 4 月,北京,见魏榕、何伟 2017;第二届,2018 年 10 月,北京,见高然、刘佳欢 2018;第三届,2019 年 4 月,广州)在中国生态语言学理论与中国语境对接方面发挥了引领作用。第四届全国生态语言学研讨会将于 2019 年 10 月 11 日至 13 日在昆明召开,新增李宇明、原一川等学者做主旨发言,大会主题是"新时代中国特色社会主义下的生态语言学研究"。

什么是生态语言学

生态语言学核心概念释析

19
如何辨析环境话语和生态话语？

"环境"与"生态"的区别是生态文学和生态美学长期争论的话题。在生态语言学的很多情况下，环境话语（environmental discourse）和生态话语（ecological discourse）可以交替使用。范俊军（2005）提出了"生态"和"环境"是生态语言学中两个重要概念的基本观点，但他并未对这两个概念进行区分和进一步阐释。然而，对这两个概念的分辨有利于研究者更加了解生态语言学的学科性质和研究目的，也有助于研究者在进行科研论文写作时精确选择词汇，突出研究选择的意义。

很多学者从不同的角度开展了"环境"与"生态"之辨，较为突出的有生态美学、生态批评和生态文学三个角度，赵奎英（2016）对此做了对比和总结。国内生态美学的代表曾繁仁（2008）认为"环境"是现代科学概念，包含了人类中心主义的思想，不能替代"生态"。生态批评的发起者之一彻丽尔·格罗费尔蒂（Cheryl Glotfelty 1996：xviii）认为"环境"与"生态"两个术语最重要的区别在于："'环境'是一个人类中心和二元论的术语，它暗示着我们人类位于中心，所有其他非人的物质环绕着我们，成为我们的环境。与之相对，'生态'则意味着相互依存的共同体、整体化的系统和系统内部各部分之间的密切联系。"国内持相同主张的是生态文学研究代表王诺（2009），他认为"生态"是生态主义，其核心是生态整体主义，而"环境"是环境主义，其核心是弱人类中心主义（见赵奎英 2016）。

就生态语言学而言，"生态"比"环境"的内涵更丰富、范围更广，环境话语属于生态语言学的研究范围。鉴于"生态"所传递的整体的、系统的含义,特别是在中国的语境下,"生态"不单单是一个科学的概念,它还融合了中国传统的天人合一的观念,所以我们更倾向使用"生态"。

20
语言生态研究和生态语言研究的区别是什么?

生态语言学作为一个广义的概念包含了豪根模式的研究和韩礼德模式的研究,在前几个问题中,我们已对此做了许多阐述。这里将以"生态"一词的含义为基点做进一步区分。

在问题 19 中,我们借助生态美学、生态批评和生态文学对"生态"与"环境"的区分,阐释了生态语言学对"生态"的理解,即整体性、系统性、非人类中心主义以及在中国语境下的天人合一和人与自然和谐共生,这在说明"语言生态"和"生态语言"的区别时至关重要。根据范俊军(2005)的说法,"生态"首先是一个隐喻概念:语言生态就是语言与其所处的生态环境的关系,包括族群、社会、文化、地理、历史等因素,属于语言生态学的研究范畴;同时,"生态"也是一个非隐喻概念,生态语言就是有利于生态系统健康、和谐发展的语言,属于生态语言学的研究内容。一般情况下,"生态的"是一个传递正面信息的词汇,其含义是"健康的、和谐的、平衡的、绿色的"。

就语言生态学和生态语言学来说,我们认为"生态"是一个概括性的中性词汇,其基本点和核心是整体性和系统性,强调的是各成分在生态系统中的地位、作用和相互关系,以及它们对生态环境做出的反应。语言生态学既研究某种语言保持活力的生态因素,也关注濒危语言的问题;生态语言学的考察对象既包括语言的生态因素(有利于生物生态学意义上的生态健康发展的因素),也包括语言的非生态因素(不利于生态健康发展的因素)。也就是说,当"生态"作为学科层面的含义时,表达的是整体性和系统性的含义,而当"生态"用于修饰话语类型时,它指的是合乎生态的、推动人与自然和谐共生的话语。

　　另一种解释是从"语言生态学"和"生态语言学"的语法结构入手："语言生态学"是"生态学"中的一个研究分支,而"生态语言学"则是"语言学"中的一个研究分支。由于它们属于不同的学科,所以研究目标、研究范式、研究方法就可能是不同的或有明显差异的。但是,从根本上说,"语言生态学"和"生态语言学"都研究语言与生态相关的各种各样问题。

21
对生态话语的分析和对话语的生态分析的区别是什么?

与生态语言学作为上义词包含了语言(的)生态学和生态(的)语言学两方面一样,生态话语分析(ecological discourse analysis, EDA)包含了对生态(类型)话语的分析(the analysis of ecological discourse)和对(所有类型的)话语的生态分析(the ecological analysis of discourse)。从研究范围看,前者只分析关于生态问题的话语,而后者则是对关于所有问题的话语进行的生态分析。因此,后者包括了前者。

这就是亚历山大和斯提比(Alexander & Stibbe 2014)提出的"对生态话语的分析"和"对话语的生态分析"的区别。他们认为对生态话语的分析终究会走向对话语的生态分析。在人与他人,人与自然中其他物种,以及人与自然环境的关系中,语言起着重要作用:既可(能)促成和维护他们之间的关系,也可(能)破坏和瓦解这些关系。从生态视角看,所有话语都反映、影响甚至左右人们的所作所为和所思所想,从而引导人们对周围事物的认知、态度和行为的生成和改变。生态语言学要研究的问题之一就是:语言在人与人、人与其他物种和人与自然环境的可持续发展关系中的作用以及和这些关系之间错综复杂的互动、影响和制约。亚历山大和斯提比(Alexander & Stibbe 2014:109)指出,生态语言学的研究范围不应该局限于那些关于生态问题的话语(如与环境问题、生物多样性流失有关的话语),而应该包括所有可能对生态系统造成影响的话语,这是因为所有话语都会对人的行为产生影响,而人的行为又会对生命赖以依存的生态系统造成影响。因此,我们应该从生态的角度对所有话语进行分析,而不是局限在分析与生态环境问题直接相关的话语。

  总的来说,生态话语分析包括对关于生态问题的话语的分析和对所有话语所做的生态分析;对生态话语的分析是对话语的生态分析的基础,而对话语的生态分析则可以延伸至对语言系统中生态因素和非生态因素的研究。从这方面来讲,对生态话语的分析和对话语的生态分析相互补充又形成一个整体。不过就目前中国的研究进展来说,大部分研究以对生态话语的分析为起点,还没有展开对与生态问题无直接联系的话语的生态分析。这是一个需要我们关注的研究方向。

22

话语分析的发展简况是怎样的？

话语分析的兴起和发展与发生在哲学界的"语言转向"(the linguistic turn)和发生在人文学科的"话语转向"(the discursive turn)联系密切。19世纪末20世纪初，西方哲学界逐渐意识到语言问题才是"思维"和"意识"问题的本质，是哲学反思的起点，因而他们的关注点也从古希腊的形而上学和近代理性主义与经验主义之争转移到对语言问题的探讨，这就是所谓的"语言转向"。"话语转向"是指研究者不再孤立地看待和研究语言，而是将语言置于话语或者语篇和所处的社会环境中进行研究，从而将语言研究与社会文化问题联系起来。话语发生在社会中，是人与人之间沟通的极其重要的方式，影响和操控着社会中人们的言语、行为和人际交往；话语也是人类社会活动与思维之间的媒介。

话语发生在不同的环境中，涉及很多因素。因此，话语分析在本质上是跨学科的。它吸收了来自不同学科的研究理论、研究框架和研究方法，由此呈现出不同的研究背景、研究目的、研究特点和研究结论。与生态话语分析密切关联的话语分析研究流派主要有会话分析(conversation analysis)、功能话语分析(functional discourse analysis)和批评话语分析。会话分析源于北美的社会学，功能话语分析的理论依据是系统功能语言学，批评话语分析则是基于批评语言学，受卡尔·马克思(Karl Marx)、米哈伊尔·米哈伊罗维奇·巴赫金(Mikhail Mikhailovich Bakhtin)、安东尼奥·弗朗西斯科·葛兰西(Antonio Francesco Gramsci)、路易·阿尔都塞(Louis Althusser)、米歇尔·福柯

(Michel Foucault)等人的影响。这些不同的话语分析研究路径并没有明确的界限;它们有交叉重叠之处,为研究语言及其相关的社会问题提供了多重视角,为研究者提供了更多选择。

话语分析的多重路径并不会产生研究混乱,反而彰显了这一学科的活力。这是因为话语分析的不同研究路径可以视为处于一个连续统之上,一端是语言学,另一端是社会文化分析。语言和社会生活本身就是多种多样的,因此跨学科研究也成为当前研究的主要趋势之一,生态话语分析也不例外。在一定程度上来说,生态话语分析对不同学科的需求更大,因为相对话语分析的研究焦点集中在社会生活,生态话语分析的研究对象扩展到包括社会系统的整个生态系统,而生态系统的各种关系则是更为多样、多变和错综复杂。(见黄国文、刘明 2016)

23
什么是批评话语分析?

黄国文、徐珺(2006)曾参照库克(Cook 1998/2001)的分类,区分了话语分析的三种研究路向:

(1)英美学派(The British American School),也是大家所知的应用语言学研究路向。英美学派主要指发端于英美研究传统的话语分析,其根源可以追溯到20世纪初中期伦敦学派奠基人弗斯对言语意义的研究,关注点从语言使用开始。

(2)福柯学派。它以法国哲学家米歇尔·福柯的理论为基础,吸收了让·卡瓦耶斯(Jean Cavaillès)、加斯东·巴什拉(Gaston Bachelard)、乔治·冈圭朗(Georges Canguihem)、克洛德·列维-斯特劳斯(Claude Lévi-Strauss)等法国哲学家的思想,马丁·海德格尔(Martin Heidegger)、弗里德里希·尼采(Friedrich Nietzsche)等德国哲学家的思想,以及莫里斯·布朗肖(Maurice Blanchot)、乔治·巴塔耶(Georges Bataille)、斯特梵娜·马拉美(Stephane Mallarme)等法国文学家的思想。福柯学派强调话语在社会实践中的影响力和操控力,更注重社会文化分析(涉及话语秩序、意识形态、社会联盟与社会活动)以及语言、话语使用过程中所折射出的社会现象和社会问题,而不是语言分析或话语分析本身。

(3)批评话语分析学派。批评话语分析有时也被称为"批评语言学""批评性语言研究"(critical language study)或语言学批评(linguistic criticism)。批评话语分析的研究并非停留在对语言的作用的讨论上,它还重点解释语言产生这一作用背后的原因及其形成机制。批评话语分析认为语言不是客观透明的交际工具,而是隐含了多种意识形态、社会关系和社会中的权势关系。因此,通过批评话语分析可以揭示语言对意识形态的制约和话语中所蕴藏的权势构建,从而影响人们的认知和行为。

总的来说,批评话语分析可以总结为一个出发点、一个假设和一个基点。批评话语分析的出发点是"批评":批评社会中的不公正现象和不公平的权力分配。因此,按照多数人的理解,"批评"的含义涉及批判、揭露、否定等负面因素。但是这并不是"批评"的唯一解释。不少学者,例如罗吉·福勒(Roger Fowler)、范-迪克(van Dijk)、露丝·沃达克(Ruth Wodak)和诺曼·费尔克劳(Norman Fairclough)等,都明确表示"批评"传递的应该是中立的意义,类似于"评价"或者"评估"。因此,研究者的视野不能只局限于负面抨击。沃达克(见 Kendall 2007)更是对"批评"赋予了新的定义:"批评"主要是要注重各种选择(alternatives)。尽管这些学者都对"批评"做出了不同的解释,但不可否认的是,绝大多数研究者在进行批评话语分析时还是以含有否定意义的批评作为出发点,揭示社会的不公平现象。基于此,批评话语分析的一个假设是:社会是不公平的,其不公正现象和不公平的权力分配的表现形式之一就在话语;语言成为表达构建和合法化的手段(Wodak 2011:53)。这样一来,话语成为不同话语和意识形态对抗和斗争的场所,不同的社会团体通过对话语的占据来获得控制权和主导地位,最终改变社会。最后,批评话语分析的基点是现代语言学,尤其是系统功能语言学。系统功能语言学中意义与形式之间的辩证关系、语言与社会的关系、语境与语言之间关系的思想,语言的元功能思想和语言的干预功能思想等为批评话语分析所广泛应用。

24

什么是积极话语分析？它与批评话语分析的关系是怎样的？

积极话语分析（positive discourse analysis，PDA）是1999年詹姆斯·马丁（James R. Martin）在英国伯明翰召开的批评话语分析国际研讨会上，针对批评话语分析而提出的。积极话语分析是正面的、积极的、进化的（evolutionary），而非革命的（revolutionary）。批评话语分析在探索意识形态和社会现象时通常持否定的态度，由此所带来的后果有很多都是消极的、反主流的或反政府的。在这种情况下，语言学者们开始寻求新的途径来审视社会现象和解决社会问题。例如，克雷斯（Kress 1996，2000）和卢克（Luke 2002）都明确指出批评话语分析的任务不仅仅是解释社会关系的不公和权力分配的不均，还需要将分析和揭露这一"解构"（destructive）过程转化到扭转和建设这一"建构"（constructive）过程。也就是说，揭示社会的"不好"和"不公平"不是我们进行批评话语分析的最终目的；我们最终想达到的应该是通过揭示社会的"不好"和"不公平"来"设计"（design）（Kress 2000）一个美好的社会。这些都是正面的、正能量的，也是积极的话语分析所追求的。

积极话语分析不是要推翻或替代批评话语分析，而是采取互补的视角弥补批评话语分析的缺憾和不足，特别是消解批评话语分析从消极的视角呈现在人们面前的社会阴暗面所带来的负面影响，从而减轻人们对社会的不满和焦虑情绪。积极话语分析不像批评话语分析那样聚焦"霸权"争斗（控制与反控制）问题，而是注重"社区"和谐（结盟与协商）问题。

因此,积极话语分析和批评话语分析的首要区别就在于"建构"与"解构"的对比。除此之外,两者还存在以下两个方面的不同。首先,虽然积极话语分析和批评话语分析的研究范围都集中在"政治"领域,但是积极话语分析将范围扩展到其他"场所"(locale),例如外交、谈判、调停等等。其次,就研究方法来说,虽然积极话语分析宣称与批评话语分析一样采用多模态和多功能的研究方法,但是它很多研究都建立在马丁提出的评价体系(appraisal system)之上,因此其推崇者和实践者主要是系统功能语言学研究者。

关于积极话语分析,还可参见马丁(Martin 2004/2012)和巴特勒(Bartlett 2018)的研究。

25

什么是生态批评话语分析？

生态批评话语分析是生态话语分析的主流路径之一。

生态话语分析、生态批评话语分析和批评话语分析有着紧密联系，这主要有两个原因。首先，很多生态话语分析都以批判现实中的生态问题为基点，这与批评话语分析的批判出发点相同，由此产生了"生态批评话语分析"（Fill & Mühlhäusler 2001）。其次，由于生态语言学兴起的时间不长，这个学科还没有形成完全成熟的独立体系，对一些概念和术语的界定不明确或没有普遍的认识，因此生态话语分析经常会借鉴其他学术流派或者学科的研究框架、研究路径和研究理念展开分析。其中，批评话语分析是其主要的借鉴来源。因此，不少人称这类话语分析为"生态批评话语分析"（Carvalho 2005；Murata 2007；戴桂玉、仇娟 2012），属于批评生态语言学（critical ecolinguistics）的研究内容。

但是，这里有三个关系必须要澄清。第一，生态话语分析不等于批评话语分析：生态话语分析注重"生态"，而批评话语分析则注重"批评"。生态话语分析和批评话语分析最大的区别在于批评话语分析的研究对象集中在人类社会上，而生态话语分析则扩展至包括人类社会在内的整个生态环境以及生态系统中的人类和一切非人类构成。第二，生态批评话语分析不是批评话语分析的分支。它们都属于广义的应用语言学学科，在学科框架中是平行的，它们所审视或者"批判"的对象也有所不同。批评话语分析观察、审视、分析、批判和揭露的是人类社会的不公平现象，而生态批评话语分析关注的则是生态系统中不利于生态环境以及各种有机体和谐共生的意识和行为，特别是人类对自然的破坏性活动。第三,生态批评话语分析不等于生态话语分析:生态话语分析比生态批评话语分析所包括的范围更广,涉及的面更宽,态度和价值取向更加多元化。生态批评话语分析是生态话语分析的一个方面,目前是一个主流研究路径;进行生态话语分析还有其他研究路径(见 Fill & Penz 2018a)。此外,这几年在中国语境下提出的和谐话语分析也是一种值得注意的研究途径(见问题 26)。

26

什么是和谐话语分析?

黄国文(2016b)提出的"和谐话语分析"是生态语言学在中国本土展开的研究,具有本土特色。和谐话语分析将中国的政治、经济和社会发展与历史文化因素相结合,突出语言系统与自然生态系统的和谐,也突出话语在特定文化语境中的和谐,是在构建"人类命运共同体"和坚持"人与自然和谐共生"的背景下的一种学术思考。在生态话语分析中,分析者的生态哲学观极大地影响了对话语的理解、解释和评估。进行和谐话语分析时,我们尤其要注意的是,不能以西方的生态哲学观来评估中国的生态问题和生态现实或衡量中国的生态事业进程,而是要从中国的生态哲学观出发,结合中国的历史、文化、社会、经济、政治等因素,做出适合中国国情的判断。

黄国文对和谐话语分析的定义是:

> 在中国语境下,"生态"不仅仅是指生命有机体与其生存环境之间的关系以及它们之间的相互关系和相互作用所形成的结构和功能的关系,而是被用来表示"和谐":人与自然的和谐、人与人之间的和谐。(黄国文 2016b: 12)

在中国,"和谐"已经成为发展的关键词,它强调各种关系的和谐、协调、一致,包括人与人、人与其他有机体、人与自然、语言与自然之间的和谐。这一定义与"人与自然和谐共生"和"人类命运共同体"的理念是相通的。

和谐话语分析本身是生态的。生态的重要因素就是"平衡""和谐""共生"和"互动关系";和谐话语分析综合了生态系统中各个要素的动态发展和相互作用。因此,尽管和谐话语分析是在中国的特定语境下提出的,但是这一分析路径广泛适用于不同发展阶段、不同国情、不同文化背景和不同经济状况下的生态话语分析。(赵蕊华、黄国文2017)

在最近发表的一些文章中,已经出现了不少对和谐话语分析的讨论(如黄国文 2016b, 2017;赵蕊华、黄国文 2017;Zhou 2017;周文娟 2017;Zhou & Huang 2017),特别是黄国文(2017)提出的一条假定(以人为本)和三条原则:良知原则(the principle of conscience)、亲近原则(the principle of proximity)和制约原则(the principle of regulation),为实证研究(如闫娜 2018;赵军强 2018)奠定了基石。

该话题将在问题34—39和问题41中进一步详细解释。

27

生态（批评）话语分析、话语的生态分析、和谐话语分析、批评话语分析和积极话语分析之间的联系和区别是什么？

生态话语分析是针对有关生态问题的话语展开的分析，而话语的生态分析则是对一切可能对生态系统造成影响的话语所做的分析。在一定程度上，两者可以视为系统功能语言学中的示例和系统的关系（如"天气"和"气候"的关系）。

生态批评话语分析与和谐话语分析都属于生态话语分析的研究进路，但是它们采用不同的视角看待生态问题。生态批评话语分析反对人类中心主义，旨在通过分析语言来揭露当前的生态问题，批判造成这些生态问题的事件、行为和意识。很多生态批评话语分析者提倡或坚持认为世间一切生命体都应该是平等的。和谐话语分析注重生态系统的整体性、系统性以及系统中各个成分之间的相互关系和相互作用，特别是各个成分在生态系统中的角色和功能以及他们之间的依存关系。和谐话语分析并不认为人与非人类生命体是完全平等的，而是承认两者的"差等"。由于自身的基因差别以及在系统中的生态位的差异，他们有各自的身份和职能，相互之间是合作、和谐、协同、共生的关系。

和谐话语分析和积极话语分析反对以消极、否定的态度看待某个现象或者事件的发生，但是它们属于不同的研究领域。积极话语分析是应批评话语分析而生，是对批评话语分析的一种补充。批评话语分析总是将社会的不公平和阴暗面暴露在人们面前，而积极话语分析可以减轻人们对社会的不满和不安。它以人类社会实践为中心，以建立和平语言学（peace linguistics）（和平语言学的研究对象不仅包括含有不平等和不公平的语言或者话语,还包括主张和平的语言或者话语,其研究目的在于建立一个宽松、和谐的人类社会)、实现美好社会为目的。而和谐话语分析并不是针对任何一种生态语言学的研究进路,它放眼整个生态系统,是在中国的特定语境下顺时应势而生的。

生态话语分析和批评话语分析因为生态批评话语分析而联系紧密,甚至有人误解生态批评话语分析就是批评话语分析的分支。但是根据辛志英和黄国文(2013)的描述,批评话语分析和生态话语分析存在以下五个方面的差别:

(1)研究视角不同。批评话语分析关注的是社会环境中社会意识形态在话语中的表现、实施和构建,而生态话语分析则从生态的、自然的视角分析话语对人类以及生态系统中其他一切生物的影响。

(2)研究范围不同。批评话语分析在社会范围内探讨人类社会中的不公平现象,而生态话语分析则在包含社会系统在内的生态系统中展开,将研究的范围从人类社会扩展到整个生态系统。

(3)对话语功能的认识不同。从批评话语分析角度看,话语是不同权势斗争的工具和权势关系的表现,但在生态话语分析视角下,话语主要展示人类是如何识解自身与周围一切(包括自己、他人、自然环境、非人类有机体)的各种关系。

(4)研究目的不同。批评话语分析揭示人类社会中的不公平和不合理现象,而生态话语分析探讨人类与自然以及与其他物种之间的各种关系。

(5)话语构建者主体意识不同。从话语构建者的角度来看,批评话语分析更多讨论的是话语中有意识的权势构建行为,但对于生态话语分析来说,语言使用者本身并不一定意识到他所构建的话语是不利于生态和谐的,或者是会对生态造成严重破坏的。

基于以上几点,我们就不能简单地将批评话语分析和生态话语分析等同起来。

批评话语分析、积极话语分析、生态批评话语分析与和谐话语分析四者之间的关系可以由图4(见下页)表示。

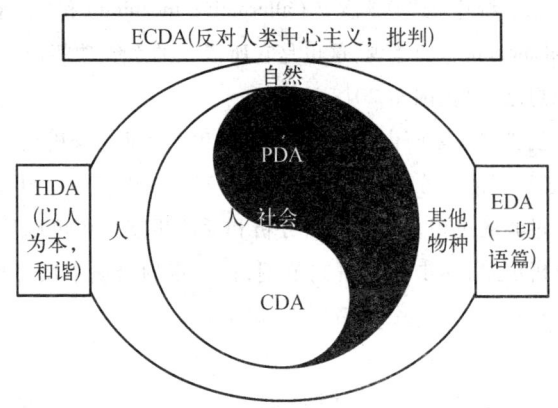

图 4　不同分析路径的联系和区别(Zhao & Chen in prep.)

根据图4,可以这样进一步说明:

(1)就研究范围而言,生态批评话语分析(图中ECDA)、和谐话语分析(图中HDA)和话语生态分析(图中EDA)关注的不仅仅是社会中人与人之间的关系,还包括人与自然以及人与其他物种之间的关系。

(2)就研究对象而言,批评话语分析(图中CDA)和积极话语分析(图中PDA)主要涉及有关社会关系和权势争夺的语篇,其中,积极话语分析倾向选择为弱势群体发声或照顾弱势群体的语篇。生态批评话语分析主要涉及生态类语篇,而话语生态分析和和谐话语分析的研究对象则扩展至一切语篇。

(3)就研究的立足点而言,批评话语分析和积极话语分析都从人出发,以人为中心,以人的利益为落脚点;生态批评话语分析则着眼于生态系统中非人类生命体的福祉,反对人类中心主义;和谐话语分析受儒家思想和中国的具体环境影响,提出以人为本,研究人的问题,强调人的使命和责任,重视人与其他生命体的和谐共生。

(4)就研究视角而言,批评话语分析和生态批评话语分析主要是从批判的视角研究消极、否定的因素,而积极话语分析与和谐话语分析注重以"改良的"和"建构的"视角看待问题,特别是和谐话语分析更强调生态系统中"选择"意义（alternative meaning）和"关系"意义（relational meaning）的体现，这也是它所依赖的系统功能语言学框架的核心思想之一（黄国文 2018c）。

（5）就研究关系而言，批评话语分析和积极话语分析是互补的关系，而生态批评话语分析与和谐话语分析和话语生态分析则可以视为一个逐步过渡的过程。和谐话语分析和话语生态分析可以从生态批评话语分析出发，逐步扩大研究范围，在一定的语境中反思现状、展望未来。

28

生态话语的类别有哪些?

近年来,斯提比(Stibbe 2015)提出的生态话语分类成为许多生态话语分析研究对文本进行定位的重要依据之一。从生态语言学的角度,斯提比将话语分为三类。第一类是有益性话语:如果话语有利于生态系统的健康、和谐、可持续发展,那么该话语可以看作有益性话语;对于这类话语我们要鼓励、要提倡、要宣传。第二类是破坏性话语:如果话语不利于生态系统的健康、和谐、可持续发展,那么该话语可以看作破坏性话语;对于这类话语我们要揭露、要批评、要抵制。第三类是中性话语:中性话语兼具了有益性话语和破坏性话语的特征,既有积极有益的因素,也有消极破坏的因素;对于这类话语我们既要看到其积极的方面也要了解其消极的方面,在推崇积极部分的同时抵制或扭转消极的部分,或对其消极的因素进行一分为二的分析。

对话语的分类是以分析者的生态哲学观作为基础、出发点和参照点的。换句话说,判断某一话语是有益性的、破坏性的还是中性的,是以分析者的生态哲学观作为标准。但是,不同分析者受其出生环境、生长氛围、教育背景、所处的社会体制、自身信念以及宗教信仰等影响,会持有不同的生态哲学观,而这 不同势必会作用于分析者对话语分类的判断。因此,对同一个话语表征,不同的人就可能给出不同的解释。以当前中国所提倡的"绿水青山就是金山银山"为例,这句话所传递的含义是既要绿水青山(即保护生态环境)又要金山银山(即发展经济),或者说,从某一角度看,环境治理得好,对经济发展是有好处的。一些经济落后的地区可以通过保护原生态的环境来发展经济,比较有代表性的是生态产业和生态产品的持续增长。从深生态主义的角度看,这是中性话语,因为它并没有抛开经济只要环境(相对"只要绿水青山,不要金山银山"而言)。但是从和谐话语的角度看,在中国特定语境下,这就是一个有益性话语,因为在保护生态环境的同时发展经济,协调了中国发展中的不同要素,是符合中国目前的国情的。

鉴于此,黄国文、陈旸(2018b)提出:斯提比(Stibbe 2015)所区分的有益性话语、破坏性话语和中性话语并没有严格的界限,而是处于一个连续统上,相互之间存在一些"灰色地带"。这主要体现在三个方面:(1)同一类型的语篇,其"有益"度和"破坏"度不同,例如"经济至上"和"经济优先"都可以视为破坏性话语,但是前者的破坏程度要比后者高;(2)受分析者生态哲学观的影响,同一话语可能被划分为不同类型,也就是说,持有不同生态哲学观的人对同一话语的见解不同;(3)影响生态哲学观的因素包含生长环境、教育状况、政治倾向、意识形态、性别、年龄、所处自然环境等等,这些因素导致分析者持有不同的假定、观念、伦理准则和评判标准,从而影响他们对话语类型的判断。

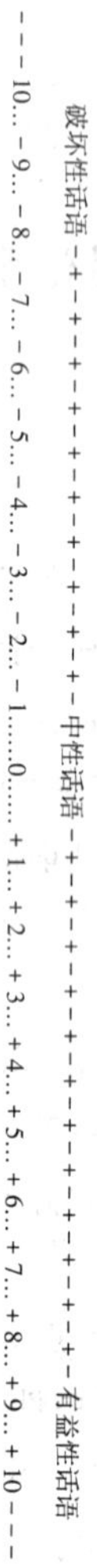

因此,我们在进行生态话语分析时,需要将这些因素考虑进来,动态地确定话语在生态话语分类连续统上的地位,如图5所示。图5的两极分别是"破坏性话语"和"有益性话语",中间点是"中性话语",以"-10…0…+10"表示程度(这里的数字表示参照点,没有绝对的意义)。如前所述,同一语篇,不同的人可能会把它放在这个连续统的不同位置上,这是因为他们有着不同的生态哲学观、生态伦理、生态价值观和判断标准。

破坏性话语 -10…-9…-8…-7…-6…-5…-4…-3…-2…-1…中性话语 0…+1…+2…+3…+4…+5…+6…+7…+8…+9…+10 有益性话语

图 5 话语分类连续统(黄国文,陈旸 2018b: 7)

29

如何从不同的话语分析视角对同一话语进行解释?

为了更清楚地呈现分析话语时不同视角对分析结果的影响,我们以中国的两个发展理念——"经济优先"和"绿水青山就是金山银山"为例,展示批评话语分析、积极话语分析、生态批评话语分析与和谐话语分析视角下这两个话语的不同解读。

(1) 背景信息

"经济优先"和"绿水青山就是金山银山"是在中国不同的历史发展时期提出的,都是基于中国当时的实际情况并符合当时的国家发展目标,也是中国协调社会主义物质文明建设和生态文明建设的重要体现。

1978年后的中国,经济(或者说经济发展)在政策制定,发展理念,体系设计,科学研究,人们的日常生活、人生观和价值观等方面占有主导地位。从20世纪90年代开始,中国进入经济全面发展的阶段。这时,"经济"是发展的核心词汇,几乎所有的活动都要服务于经济发展。"经济优先"带来的好处是经济增长、贫困减少、人们物质财富的不断累积和生活水平的不断提高。但是,在全球化发展的趋势下,中国也需要面对世界性的共同问题,即日益严重的生态问题,如气候变暖、污染加剧、土地荒漠化等。因此,最近十几年来,中国将发展重心从经济为先转移到经济和生态并重,甚至有时以保护环境为先。这种发展模式通过保护生态系统实现经济的可持续发展,注重两者各自的功能和相互协作,促进生态文明建设。

（2）批评话语分析

从批评话语分析的角度看,"绿水青山就是金山银山"是积极的、正面的,它旨在调节发展中的生态因素和经济因素,协调国家不同部门的职能。它的基本假定是既要"发展"也要"生态",不是只求发展、只求富裕、不要生态环境,也不是只求生态环境、不要发展。因此,我们可以从"绿水青山就是金山银山"理念的假定和实施进行深度的审视和思辨的分析,并根据中国的情况进行评论。

相比之下,"经济优先"将发展重心放在经济增长上,将经济发展置于生态保护之上。在早期经济特权化的气候下(例如20世纪50、60年代的"以钢为纲""以粮为纲"等),这种理念是积极的。但几十年后,在改革开放过程中伴随西方经济文化,特别是西方拜金主义、利己主义等的影响,这种理念从另一种角度看却有明显的负面因素,是有失偏颇的,是可以被"批评"的对象。在达到总体小康的时候,将经济发展置于优先地位会造成人们对利益增长和个人财富的疯狂追求,这正是批评话语分析所关注的社会中人与人之间关系和权力分配的问题。从批评话语分析的视角来看,对经济增长的过分追求会使人们认为财富是个人社会身份、地位和权力的象征,会增加贫富差距,造成社会阶层分化和权力分配不均。为了增加财富、提高社会地位和扩大权力,一些人甚至忽视法律法规,放弃原则,漠视文化和道德。由此产生的结果是人类面临越来越严重的问题,如人口过多、居住条件不佳、医疗资源短缺以及食品安全堪忧等民生问题,而这些问题将进一步影响社会资源的分配。因此,从现在的情况看,继续片面强调"经济优先"会衍生其他社会发展问题,我们需要对此做更深刻的思考和改进。

（3）积极话语分析

从积极话语分析的角度看,"经济优先"为那些还在温饱线挣扎的贫困人口发声。国家统计局《2018年国民经济和社会发展统计公报》显示,截至2018年底,中国农村贫困人口(年收入低于2 300元)还有1 660万。对于这些人而言,经济增长可以带来收入增加,这是帮助他们脱离贫困、提升社会身份的最有效、最直接的途径。在积极话语分析的视角下,即使"经济优先"的发展理念仍然存在加剧社会冲突的可能性,但是它同时考虑到弱势群体的需要,试图缩短贫富差距,平衡社会中的权力分配,因此含有积极的因素。另一个发展理念"绿水青山就是金山银山",从积极话语分析的角度看,也是为贫困人口发声。在中国有句俗话:"要致富,先修路。"这句话的含义是:便利的交通是发展经济的基础,要想发展经济,就先要打通道路,建立起待发展区域与外界的联系。中国许多边远地区非常贫困,其中一个最为重要的原因是缺少与外界的交往。但从另一个角度来说,没有受到工业污染也成为这些地区保持它们生态环境不受破坏的重要原因之一,这些未受污染的生态环境反而成为偏远地区发展生态产业、制造生态产品的优势。从这个方面来说,生态环境成为促进经济增长的工具,有利于社会平衡发展。

(4) 生态批评话语分析

对于很多西方生态语言分析者来说,从生态批评话语分析的角度看,"经济优先"主张的是要不遗余力地发展经济。如果今天再突出"经济优先"这一发展理念,带来的信息就可能产生消极、片面的后果。与批评话语分析不同的是,生态批评话语分析更重视该话语对生态系统,而不仅仅是人类社会,带来的破坏性后果。在这样的发展观下,经济的发展是以自然环境,甚至生态系统中其他物种的福利和生命为代价的。因此,生态批评话语分析视角下的"经济优先"是破坏性话语,它包含了不利于生态平衡的生态哲学观,需要扭转和修正。相反,"绿水青山就是金山银山"重视生态保护,追求生态和经济的平衡发展,是一个有益性话语,需要提倡和推广。

与批评话语分析相比,生态批评话语分析同样批判等级差别和权力分配不均,但批评话语分析关注的是社会中人与人之间的不平等关系,而生态批评话语分析关注的是生态系统中人类与非人类物种的关系,例如人类中心化、非人类物种边缘化以及非人类物种为人类服务等。

(5) 和谐话语分析

和谐话语分析在讨论"经济优先"和"绿水青山就是金山银山"时

采用积极的、渐进的、协调的观点,将传统哲学、历史阶段、国家发展和社会现状纳入考虑范围。中华人民共和国成立之初受到战争、内部调整和外部危机的影响,面临人口下降和经济衰退的巨大困难,中国人民身处贫困之中,正常的生产生活都无法得到保障。在这样的情况下,将经济增长置于优先地位是必须的,也是合理的,这是时代的选择,是对特定情况的回应。这种解释不同于批判意义上的"批评",它的含义是"选择"。后来,中国人民的生活质量大幅度提高,中国进入了一个崭新的时代,"发展"也被赋予了新的含义。生态环境、道德伦理和思想文化等成为发展必不可少的部分,而最迫在眉睫的是对生态系统的保护。随着生态问题越来越严重,世界上许多国家都处于生态危机的压力之下。如果继续坚持"经济优先",就会将整个生态系统,包括国家经济,带到崩溃的边缘。这种情况下,"经济优先"就变得不合时宜了,我们需要选择一个更适合当下形势的发展理念,如"绿水青山就是金山银山"。中国目前经济持续发展,GDP 稳增,但生态环境需要修复,贫困人口仍然众多,贫富差距逐步加大。在这种情况下,就必须既要发展经济又要保护和修复生态环境。"绿水青山就是金山银山"正是在促进经济发展的同时注重生态保护,提倡通过保护和修复生态环境来促进经济发展,同时通过经济增长来保护和修复生态环境,突出两者的关联性和交织互动关系,实现经济与生态两个要素的和谐共存,而不是牺牲或者削弱一个因素来换取另一个因素的持续生存。从目前的情况看,简单地说,"经济优先"是中性话语,而"绿水青山就是金山银山"是有益性话语。

上面的分析是基于我们个人目前的生态哲学观做出的,是局部的分析;如果让持有不同的生态哲学观的人来分析,结论就可能不一样。之所以说这里的分析是局部的,是因为"经济优先"和"绿水青山就是金山银山"这些宏大的命题是在国家的战略发展的前提下提出的,涉及很多重大问题。因此,对这种特定话语的分析首先应该考虑其背景、假定和理念,进行多层次、多角度、多方位的审视。也就是说,在分析某一话语时,其产生(出现)的背景(包括时间、地点、当时的情况等)也应该作为分析的依据和考虑因素。上面的"经济优先"在它出现的特定时期是有益的、积极的,而在生活物资基本不再匮乏的今天,这个话语就属于中性话语,有其不合适的方面。

以上分析显示,在进行生态话语分析时,需要将分析者的生态哲学观(受分析者的生长环境、教育状况、政治倾向、意识形态、性别、年龄、所处自然环境等等因素影响)、分析视角(如批评的、和谐的、积极的)、话语出现的背景(如时间、地点、政策)等因素都纳入考虑的范围,而不是轻易地对某个话语进行简单定性。此外,对话语的分析是重要的,但为分析结果提供合理、合适的解释更加重要。

30

语言多样性面临的威胁是什么?

从隐喻的角度看,语言学中的语言多样性与生态学中的生物多样性是一样的,都是突出系统中各个成分的存在价值和它们的不同作用及系统中各个成分之间的互动。保持语言的多样性是(语言)生态平衡的一种重要表现。

最近几十年来,语言多样性的问题越来越受到重视。语言学家黄长著在《人民日报》(2016 年 04 月 20 日 07 版)发表了题为《从战略高度看待语言多样性》的文章。他指出,目前世界上的语言很多,大约 6 000—7 000 种,其中 94% 的语言只有约占全世界人口 6% 的人在使用。这就是说,大多数语言的使用人数是很少的。造成这种情况的原因多种多样,有生物的、人类的、历史的、地理的、文化的、社会的,也有政治的、经济的、个人的。

随着世界经济"一体化"和地球村的形成,英语作为国际通用语(lingua franca)的地位越来越凸显。在这样的"全球化"背景下,使用人数不多的语言的生存就面临危机,其中很多语言正在变成濒危语言,甚至逐渐消亡,这就是语言多样性受到破坏的表现。虽然汉语的使用人数很多,中国也越来越强大,但从某种角度看,汉语也受到英语的排挤和威胁,因为现在世界主要的科技文献(成果)都是英语写成的,很多重大的国际活动都把英语当作"国际通用语"。

我们必须清楚地看到,英语的霸权地位是有历史根源的,也是世界政治、经济发展导致的。其实,世界上真正讲标准的"女皇"英语(Queen's English)或 BBC 英语的人是不多的,英国不同地方(英格兰、苏格兰、威尔士、北爱尔兰)的人讲英语有着不同的口音,用词不完全相同,甚至语法结构也有不同。英国是这样,美国、加拿大、澳大利亚、新西兰也是这样。此外,新加坡、印度等地的英语更有自己的特色和特点。中国英语(即有些学者所说的 China English,包括官方的 *China Daily* 所使用的英语)也有其特点。这就是语言的多样性,是英语多样性在不同地区的表现。这些多样性的出现和存在有其重大的政治、经济、社会和文化意义。

我们日常听到一般人所说的"小语种"(如西班牙语、阿拉伯语、葡萄牙语、俄语、法语、德语等),其实是国际活动中非常重要的语言,不能说是小语种。例如,西班牙语和葡萄牙语在南美洲是通用的语言,而阿拉伯语在中东地区是通用语。又如,日语和朝鲜语(韩语)使用地域很小,但由于讲这些语言的国家是我们的邻国,长期以来与中国有很多贸易往来和文化交流,所以这两种语言的重要性也不可小看。

对中国的少数民族语言和方言来说,保持语言多样性也面临着巨大挑战。中国有56个民族,但语言却有130多种。然而,根据中国社科院汉藏专家孙宏开的调查研究(佚名 2017)显示:中国的少数民族语言的多样性受到严重威胁,有7种语言使用人口尚不到100人,15种语言使用人口仅有100—1 000人,部分语言已经消亡(如满语、羿语、木佬语和哈卡斯语),还有一些语言(如阿龙语、赫哲语等)处于濒危状态。实际上,不仅仅是少数民族语言的多样性在消失,一些方言,如上海话,在年轻人中的使用率也下降得比较明显。相对而言,粤语保持了较强的活力,这可能与粤语使用者对该语言及其承载的文化较为认同有关。

从生态语言学的视角出发,语言的多样性是语言生态平衡的常态,保持语言的多样性有利于地区或国家的均衡发展。这与自然环境中的生物多样性是一样的:保持自然界中的生物多样性有利于生态系统的可持续发展,是生态平衡的前提和主要表现。但是,目前一些被默认为"小语种"或者真正意义上的"小语种"以及少数民族语言不断被边缘化,我们作为生态语言学研究者既要重视这些现象,更要探索其背后的各种原因,从而维护和保持语言的生态平衡。

31

为什么要保持语言多样性?

语言每时每刻伴随着我们,是人类生存和生活不可或缺的要素。我们用语言来谈论事情,描述世界,表达思想,讲述体验,勾画未来,记载历史;我们用语言来建立和维持人际关系,沟通感情,评估世界的所有事物和事件;我们用语言来组织话语,突出信息,引导别人的思维方式。如果失去语言,我们就会失去信息传递、人际沟通和文化传承的载体。我们可以从两个关系来进一步解释保护语言多样性的原因。

第一个关系是物种多样性和语言多样性的关系。物种多样性是生物多样性的中心,主要包括物种的数量和均度两个方面。从生态学角度而言,物种的数量就是物种个数之和,代表一个区域内物种的丰富程度;物种的均度是指物种分布的均匀程度。因此,要判断一个地区的物种多样性,既要考察其物种数量,还要了解物种分布特征。一般来说,一个物种的种群越大,其遗传多样性就越大,相应地,其影响力也越大。而大的种群会对其他相对较小的种群产生影响,甚至有可能出现吞并其他小种群的情况。除了种群大小,影响种群之间关系和物种生存发展的另一个原因是环境因素。如果物种赖以生存的自然环境良好,那么种群发展壮大的可能性增大,反之,种群数量可能减少甚至濒临灭绝。

语言多样性的特征与生态学意义上的物种多样性特征是类比的关系。生态语言学的豪根模式研究的是语言与其环境的关系,这里的环境指的是语言使用的社会环境,表达的是隐喻的意义。一种语言或者方言的发展、衰退或者消亡与其社会环境有着紧密联系。在特定的环境中,由于历史、政治、经济、社会等原因,有些较少人使用的语言或方言越来越不受重视,在社会发展中的作用越来越小,因此使用的人就越来越少,于是就慢慢消亡。一种语言的使用者有多有少,相应的语言的力量就有强有弱。力量强的语言与力量弱的语言之间就像生态系统中各个物种之间的关系:强势的语言会越来越强势,弱势的语言会越来越少人用,慢慢从衰退走向消亡。

第二个关系是语言多样性与文化多样性的关系。语言的多样性反映了民族的多样性和区域变化的多样性。说不同语言的人,就带有不同的区域特征,会形成不同的文化身份认同。语言的变化对民族和地区的经济、文化、传统等都至关重要。如果一种语言陷入濒危甚至灭绝的境地,该民族和地区的发展则会受到严重的破坏,尤其会面临文化传承断层的问题。因为语言是文化的一部分,更是文化的载体。一种语言消失就意味着一种文化的消亡,那么后人就很难正确、全面地了解这种文化的内涵和特性。只有维护语言的多样性,文化的多样性才有依托,不同地区、不同民族的人才可以和谐相处,才可以实现国家的多元化发展和可持续发展。这也是我们不断付出努力研究语言濒危问题、保护语言多样性的重要原因之一。

2018年9月19—20日,由联合国教科文组织、中国教育部、国家语言文字工作委员会、湖南省人民政府等联合主办的"首届世界语言资源保护大会"(简称"世界语保大会")在湖南长沙召开。除国内主办单位领导外,还有20多位外国部长级官员和驻华使节以及200多名来自世界40多个国家和地区相关领域的官员、专家学者参加了会议。这次世界语保大会选择在中国举行,是有特殊意义的;这也是我国有史以来举办的与语言资源保护有关的规模最大、规格最高、主题最为重要的一次会议。促成此次大会召开的主要原因是语言资源衰亡已经成为世界性问题,很有必要聚集有关高层次人员进行研究、探讨和寻求对策。教育部长陈宝生强调:保护语言多样性是保护文化多样性的前提条件,任何一种语言的消亡,都是人类不可弥补的损失。维护语言多样性就是保护人类不可再生的文化基因,这是一项刻不容缓、迫在眉睫的重要工作。(教育部 2018)中国语言资源保护研究中心副主任王莉宁指出,语言资源危机不仅仅是世界问题,也是中国问题。著名语言学家曹志耘(2017a,2017b)、陆俭明(2018)等人都对语言资源保护、语言多样性保护等问题提出了自己的看法。

2015 年,中国政府启动了"中国语言资源保护工程",对全国范围内的所有语言资源进行全面、系统、有组织的调查和保存。此次世界语保大会透露:这项语言资源保护工程计划用时 5 年,全国有 350 多所高校和科研机构的约 1 000 名专家参与调查研究工作。由此可见,语言保护工作成为中国政府工作的一项重要内容。保护语言,就是保护语言多样性;保护语言多样性,就是保护文化多样性。

总而言之,语言多样性问题关系到国家命运、国家发展战略、国家安全、社会和谐和人们安居乐业,是"人类命运共同体"中的一个重要因素。重视语言的多样性,就是突出"和而不同"和"和谐共生"。我们研究语言与生态的关系,研究生态话语,关注语言在各种生态问题中的重要作用,就是我们作为语言学家担当社会责任的表现。因此,我们要努力帮助更多人认识到:语言的多样性问题关系到人类生存和发展,也是人与自然和谐共生的问题;我们要想尽办法拯救濒危语言,保护语言多样性。只有保证语言的多样性,才能保证文化的多样性,才能谈论多元文化和多元社区发展,人类才能更加和谐幸福地生活和相处。因此,生态这个重要问题已经不仅仅是生命科学家、人类学家、历史学家等所要关心的问题,也是语言学家、应用语言学家所要关心和研究的问题。在"一带一路"的重要历史背景下,语言的多样性研究具有更加突出的现实意义。

什么是生态语言学

生态语言学研究的本土化

32
生态语言学研究的本土化体现在什么方面？

生态语言学研究的本土化体现在国外研究成果的引介和本土研究体系的构建两个方面,前者是后者的基础和出发点,后者是前者的拓展和归宿点。这两个研究轨迹是动态的,有时交替进行,有时前后呼应。

国外研究成果的引介与四个要素相关,即引介主体、引介内容、引介途径以及引介理据(周文娟 2018b)。引介主体主要指引介工作的践行者,可以是学者个人,也可以是某一研究机构。引介内容是指引介主体依据引介理据选取的国外某个研究理论、研究模式或者主张,涉及研究术语、研究流派和研究论著。引介途径主要指引介主体对引介策略的选择,有翻译(如节译、全译、选译等)、译述(书评、述评)、修正或者拓展等。引介理据指引介主体根据国外生态语言学的发展历程选择引介内容和引介途径的深层动因,涉及引介者的生态取向以及生态哲学观两个方面。引介成果作为联系国内外生态语言学研究的重要桥梁和纽带,对生态语言学的本土理论建构具有重要奠基作用。

本土研究体系的构建可以分四个步骤进行,即选择视角—建构理论—实践检验—建立模型。在建构过程中,应该重点考察以下三个问题：(1)要构建的这个本土理论/术语属于生态语言学的哪个视角,宏观、中观还是微观(周文娟 2019a)？(2)该理论/术语与建构者自身的生态哲学观在哪些方面是吻合的？(3)这个理论/术语与本国语境以及语言实际问题存在何种相关性？接下来以和谐话语分析为例做进一步说明。和谐话语分析是生态语言学研究本土化的尝试(黄国文 2018d),选取的视角属于微观生态语言学。这一新议题与研究者生态哲学观的吻合之处在于二者对中国和谐哲学观的秉承和践行。黄国文、赵蕊华等中国学者在选择这样一个不同于国外批评话语分析、积极话语分析和生态批评话语分析的视角(黄国文、赵蕊华 2017)之后,分两步明确了该术语与中国语境的紧密联系:首先,他们提出了"西方生态哲学观不适用于中国生态事业"的重要观点(赵蕊华、黄国文 2017);其次,他们依次厘清了和谐话语分析的哲学渊源、研究目标、研究原则、理论指导、研究方法和研究对象(黄国文 2018d)。据此,可以推断出和谐话语分析的建构到目前为止已经完成了"选择视角"和"建构理论"两个步骤,接下来可以结合中国话语实践,进行以上理论指标体系的检验,最后建立"中国制造"的"和谐话语分析模式"(周文娟 2019b)。虽然结合中国话语的实践还没有大范围展开,但是已经有人显示出对这一研究领域的兴趣(如闫娜 2018;赵军强 2018)。

33

如何实现生态语言学研究的本土化?

要实现生态语言学研究的本土化,可以从三方面着手,即研究思想本土化、研究模式本土化和研究话语本土化。研究思想本土化是指生态语言学研究应该与研究者所在的国家和语境结合。虽然生态语言学兴起于西方,但是实际的语言生活状况因地域和文化差异而有所不同,并不是国外每一个研究理论或者研究主张都可以直接拿来使用,而是需要研究者加以甄别,这为生态语言学研究本土化提供了契机和挑战。研究者在甄别过程中会自然融入自己的生态哲学观、学术背景和研究传统,在此基础上,逐渐形成本土化的研究思想,并用来服务本国语言学科发展、解决本国的实际问题。研究思想本土化的重要意义在于可以避免出现生态语言学研究的"水土不服"现象(周文娟 2012b),对本国生态语言学的良性发展具有指导作用。黄国文所描述的"请进来"(bring in)与"走出去"(go out)(黄国文 2018b)契合研究思想本土化的基本理念。

研究模式本土化是指在充分参考和总体把握国外生态语言学研究的经典模式和新兴模式的基础上,贯彻"洋为本用"的研究思想,建构符合本国语言学研究传统的本土模式。目前,国外生态语言学的研究模式层出不穷,要实现研究模式的本土化,就需要研究者结合生态语言学的学科发展目标,考虑哪些模式在增强本国生态人生态意识、解决本国生态危机的具体问题方面能够发挥作用。所以,这种本土模式的建构应该以问题为导向,遵循"发现(自己的)问题—解决(自己的)问题"的基本框架,而不是盲目跟从或者认同某一已有研究模式;也就是说,首先要从自己国家的实际出发,发现自己的问题和解决自己的问题,而不是去谈论别人(别国)的事。一种本土研究模式从建构到实施再到修正是一个漫长的实践过程。这不仅需要本国生态语言学不同流派在学科发展方面达成基本共识,也需要生态语言学家与人文社会学者共同努力。

研究话语本土化不是简单地用国外理论来讲本国的生态"故事"(story),而是要在批判和思辨的基础上引介国外研究成果。在此过程中,既要探寻本土研究的新概念和新表述,也要以本土语言作为研究对象进行深入的生态分析,讲好自己的"故事"。在已有研究中,以英语作为研究对象展开的研究和分析较多,以汉语为出发点和研究对象进行的生态语言学理论研究和话语分析较少,但现在也有了这方面的努力(如赵蕊华 2018b;常远 2018;谭晓春 2018a;周文娟 2018c)。因此,这种新的学术话语探寻可以尝试从某一国外生态语言学术语入手,也可以从某一国外生态语言学家的研究主张或者某一研究模式入手,然后将目光聚焦于本国研究话语的拓展创新和语言系统的生态探讨。不管从哪个角度出发,都要符合本国的价值取向和文化传统,并在话语表述中结合国家的战略发展规划、语言政策、语言规划、语言多样性等与本国生态故事密切相关的议题。

34

和谐话语分析的内涵是什么？

和谐话语分析是黄国文在中国语境下提出的,其核心是"和谐",旨在促进人与人之间、人与其他物种之间、人与自然之间以及语言与生态之间的和谐。"和谐"的含义被解释为:生命有机体与环境之间的和谐关系,人与人之间的和谐关系,人与非人类有机体的和谐关系,以及它们之间的互动所形成的结构和功能。(黄国文 2016b)

在当前的时代背景下,"和谐"已经成为中国发展的关键词,它强调各种关系的和谐一致。在中国语境下的和谐话语分析并非单纯地批判非生态因素,而是要结合国家的发展规划、社会文化环境和自然环境中的各个要素,研究生态因素与非生态因素的调整与融合。世界在变化、人类文明在变化、人的思想在变化,这是一种常态。受社会环境和自然环境的影响,"和谐"当然就不是一成不变的:曾经被视为不和谐的,用现在的眼光看就可能是和谐的,例如经济发展与边远山区原生态环境的关系。在过去,地处偏远、环境原始给人的第一印象就是经济落后、无法发展的,此时环境与经济的关系是不和谐的。但是,随着人们越来越追求健康的放松方式,"偏远"和"原生态"逐渐成为"绿色""生态"的代名词,成为当前人们旅游休闲考虑的重要因素,因此,偏远的原生态地区往往成为人们青睐的旅游胜地。这样一来,环境原始、地处偏远反而为该地区经济发展带来契机,此时环境与经济的关系是和谐的。这就是和谐话语分析给我们带来的新的分析视角和新的分析结论。

和谐话语分析应该不局限于中国语境,它可以应用到不同国家、地区和民族在不同发展阶段和社会背景下的生态话语分析。由于各民族、地区和国家的历史、政治、社会、经济、宗教和文化不同,它们的生态和谐的表现形式也不完全相同,但是它们在不同环境下所追求、所期望达到的都是生态和谐、人与自然共生这一目标。

和谐话语分析提出的动因、所蕴含的中国传统哲学思想、研究目标和假定、总原则和分析原则、理论指导、研究方法与研究对象之间是整合的关系。它们互相影响、相互作用,是构成"和谐话语分析"这一有机体的重要组成部分。在接下来的问题中我们将逐个进行讨论。

35

和谐话语分析提出的动因是什么?

我们已经多次(如黄国文 2016b;赵蕊华、黄国文 2017;黄国文、赵蕊华 2017)提到在中国语境下探讨构建和谐话语的必要性和重要性。很多生态语言学研究者受到特定生态哲学思想和批评语言学的影响,采用批评话语分析的方法,从语言与环境关系的角度看待生态语言学所涉及的各种各样的问题。其中,批评生态语言学立场比较突出。我们必须认真思考的一个问题是:国外研究者所展示的批判视角下的生态话语分析框架(如 Goatly 1996;Stibbe 2004, 2014, 2015)是否适合中国语境。生态话语分析需要考虑其语境(包括文化语境和情景语境),因为任何脱离语境的研究和分析都只是"纸上谈兵"(赵蕊华、黄国文 2017)。这也是促使我们提出在中国语境中需要探索"和谐话语分析"的直接原因。

所谓提出和谐话语分析的中国语境,主要指两方面内容:中国的基本国情和中国的传统哲学思想。目前中国的基本国情是:仍然并将长期处于社会主义初级阶段。虽然目前中国已成为世界上的第二大经济体,但是中国发展还面临着来自教育、医疗、就业、环保等方面的压力。因此,我们无法也不能与西方一些学者的主张(如动物解放/权力论)完全一致,而是要寻求经济、社会、生态、政治、文化的和谐一致,这与当前中国提倡的经济建设、政治建设、文化建设、社会建设和生态文明建设的"五位一体"发展布局是一致的。

中国语境的另一个方面就是中国传统哲学,将在问题 36 中进行讨论。

36

和谐话语分析所蕴含的中国传统哲学思想有哪些?

在前面的问题中我们说过,不同的生态语言学研究者持有不同的生态哲学观,他们所做出的分析、解释和结论都是有价值取向的。我们在中国语境下讨论生态语言学问题,就是要从中国的实际情况出发,着力解决中国的问题。因此我们首先要找到自己的"生态位",要在中国哲学的形而上方面寻找思想根源和理论支撑。

中国哲学的根本精神是"生"的问题,"生"的哲学就是生态哲学,就是人与自然的和谐关系(蒙培元 2004:5)。中国的传统思想主张人与自然界万物和谐相处,中国哲学中的"天地以生物为心""人以天地生物之心为心""天人合一"都是这一思想的体现。孔子儒家讲"天生万物",老子道家讲"道生万物",从根本上说,都是讲世界的本源(天或道)和包括人在内的自然界的生成关系与和谐关系,这是非常根本的一点。在解释"天人合一"时,儒家侧重的是"人文",道家则侧重"自然",但无论如何,它们对"天人合一"基本含义的理解是一致的或一样的,都是"人与自然的内在统一"(蒙培元 2004:3)。

儒家哲学思想的精髓之一就是"以人为中心"。说得简单些,以人为中心就是重视人在万物和大千世界中的重要地位,把人的问题放在首要的位置上,视其为万物的核心。人与其他生命体一样,都是自然界创造的,来源于自然,也回归于自然;但是,人与其他生命体有根本的区别,其中一点是人有伦理道德(见问题 48)和价值判断(见问题 50)。人有仁性、人性;在处理人与自然以及与其他生命体的关系上,人所起的作用是关键性的,是其他生命体所不能替代的。但是,我们讲的"以人为中心"与西方的人类中心主义在根本上是不同的:儒学的"以人为中心"不是以人的利益为中心,而是以人的问题为中心(蒙培元 2004:62);人类中心主义在某种程度上讲,是一种与宗教和唯心主义有着紧密联系的反科学观念。它把人与自然对立起来,将人设立在自然的对立面,过分夸大人的重要性,认为人是宇宙的中心,也是宇宙的最终目的,并据此认为人是自然界的主宰,居于自然界的中心地位,可以随意控制和改变自然。所以,我们认为中国哲学思想的"以人为中心"与西方的"人类中心主义"是有根本区别的。

如郑家栋(2003:11)所说,儒家思想的核心"并不在于一般的追求自然和谐,而在于谋求自然和谐与差等秩序的统一"。也就是说,"'和谐'本来就包含了'差等'""'差等'之对于儒家是更为本质的东西"(郑家栋 2003:11)。正是因为有了这种"差等"观念,儒家特别认同和接受现实的伦常法规和等级秩序——人与自然之间有"差等",人与人之间也有"差等",《论语·颜渊》中所说的"君君臣臣""父父子子"所体现的就是这种"差等"。因此,"差等"是自然界的现象。基于对儒家"以人为中心"的认识,我们(黄国文 2017)在探讨和谐话语分析模式时,把"以人为本"作为一个基本假定(见问题37)。

和儒家一样,道家也主张以人为本。道家同时也强调天人合一、万物一体,注重天地万物的自然平衡与生态和谐。道家突出"道"的源头性,认为天地万物(包括人)都是从道产生出来的,道是生态系统的自然法则,是天地万物的源头,是生态系统整体性和系统性的根源。例如,《道德经》中就有这一说法:"道者,万物之奥"(第62章)、"道生一,一生二,二生三,三生万物"(第42章)。《道德经》还说:"万物负阴而抱阳,冲气以为和"(第42章),可见道家认为万物自身以及万物之间是对立统一的辩证关系。

无论是儒家思想还是道家思想,都向我们传递了一个理念:和而不同是为生态,简单地说这就是指生态学中的物种多样性和生态平衡。我们常说的"君子和而不同"(《论语·子路》),讲的是人与人之间的和谐性和差异性,主张的是人与人之间的健康关系与和平共处;生态系统中万物的关系和健康发展也是这个道理。和谐话语分析所主张的"和谐"不是说所有生命体是完全一样、完全平等的。生态系统中的各个子系统有各自的特点,有各自的运行机制,但是它们需要相互"尊重"、相互"契合"、相互配合,就像中国推广普通话的同时也采取各种措施保护濒危少数民族语言一样。这好比一台机器上的齿轮,各个齿轮有大有小、有主有次,有各自的功能,它们只有相互"咬"住,才不会掉链子,机器才能正常运转。人与人之间的关系是这样,人与自然之间的关系也是这样。也只有这样,才有可能实现多样化和整体化的融合。

俗话说,一方水土养一方人。每个人生长在特定的地方和特定的文化中,都有自己的特点,都有家国情怀,而这些因素影响甚至控制着我们的行为和言语,这也可以说是"形而上"或"道"在起作用。中国的传统哲学观念会受到其他观念的影响或冲击,但在中国语境下它始终在陶染着我们,已成为我们生活的一个部分,在我们认识自然、了解宇宙时对我们潜移默化,引导着我们对生态的态度和行为,帮助我们及我们的后代成为"敬畏自然、善待环境、懂得感恩、关怀生命,具有强烈的整体意识和思维方式,追求人与自然的共生,也追求人与他人、与自身的和谐"的"生态人"(黄国文 2016b:10;另见张国壮 2010)。同时,中国传统哲学中的"以人为中心""差等"和"和而不同"等思想成为我们进行和谐话语分析的主要指导思想。

37

和谐话语分析的目标和假定是什么?

我们在《生态话语分析的缘起、目标、原则与方法》(黄国文、赵蕊华 2017)一文中提出了生态话语分析的目标:探索语言与生态的相互关系和相互作用,揭示语言对人类之间的生命可持续关系、人类与其他非人类有机体的生命可持续关系和人类与自然环境的生命可持续关系的影响。和谐话语分析的目标与生态话语分析一致,都是要探讨语言对各种生态关系的生命可持续性的影响。不过,和谐话语分析接受一个假定,即"以人为本"。

很多关于儒家生态思想的论著(如蒙培元 2004、乔清举 2013、Zhou 2017、Zhou & Huang 2017)都用"天人合一""以天地万物为一体""天地以生物为心"等思想来概括生态观。就社会实践而言,人类是追求美好生活的,无论处于何种文明阶段——狩猎文明时代、农业文明时代、工业文明时代、生态文明时代、物种文明时代,人类都会利用自然资源来提高自己的生活质量,例如我们日常生活中通过吃鱼吃肉来提高生活品质。基于此,我们提出了"以人为本"的假定,并明确指出,"以人为本"是以人民为本,因为在中国语境中,"人民"是有特殊含义的。

在问题 36 中,我们已经强调过,在我们所说的和谐话语分析中,"和谐"包含了"差等"和"等级秩序"。我们认同和接受现实生活中的伦常法规、等级制度和秩序,也接受局部不平衡的事实。虽然我们信奉"天人合一""以天地万物为一体""人以天地生物之心为心"等传统的生态思想,认为动物、植物等都有生命,都要得到爱护、保护,但是在人与非人的选择上,要有取舍(王阳明 2013:349 - 350),首先选择的是人,这在古今中外都是这样的。这就是我们所讲的"以人为本"的理念。不过人作为首选是有条件的:人在发展自身的时候,要有节制、有限制地取用资源,同时也要注意取用资源和对待非人类生命体的态度和方式。说到这里,我们想起《论语》中的两则记载。在《论语·述而》中,有关于"子钓而不纲,弋不射宿"的记载,说的是孔子用鱼竿钓鱼而不用渔网捕鱼,用弋射的方式获取猎物,但从不射取休息中的鸟兽。"钓而不纲"隐含的是不贪,"弋不射宿"隐含的是不乘危,所以一般都认为前者是赞扬孔子的"智",后者是赞扬孔子的"仁"。因此,和谐话语分析主张以人的问题为先,但同时要求人的行为要有度、要有道。

38

和谐话语分析的原则是什么？

我们认为，指导生态话语分析的总原则是：天人合一，与人类和平、社会和谐、生态环保一致，人与自然和谐共生。受中国传统哲学思想的影响，黄国文（2017）提出了"良知原则""亲近原则"和"制约原则"来指导具体的生态话语分析和生态行为分析。和谐话语分析的总原则和具体原则与生态话语分析一致。

（1）良知原则

"良知"这一概念来源于《孟子》。那么何谓"良知原则"？我们主要从两方面来解释：一是良知来自心的本源，二是良知体现于价值判断和态度中。良知原则的提出受到王阳明"致良知"的深刻影响。王阳明认为，良知是对形体的自觉，是伦理道德和事实判断、价值判断的主体。心是一切知识、体验和经验的起源，对生态系统的认知、感受、道德、伦理、三观都源自心。这些不是强制的、不是外加的，而是自然而然、为世人所普遍接受的，是人性的体现。例如，我们对弱者的怜悯、对强者的钦佩、对生的渴望、对死的恐惧，都来自于心，这就是所谓的"心之本体即是天理"（王阳明 2013：289）。源自于心的良知表现在对事物的价值的判断和态度上（见问题 49、50）：我们用良知来衡量行为的合理性，来分辨是非黑白；良知就是判断是非黑白的量尺。我们经常听到"良知未泯""唤起良知"，这些都暗示我们有良知就是好的。因此，对待生态系统以及其中的各个组成部分，我们要有良知，这对构建和谐社会和人类命运共同体至关重要。

在生态语言学中，良知原则主要指生态良知。"生态良知是由于人类逐渐意识到人与自然之间的生存论意义上的关联而产生的一种关爱、保护自然的自然、自觉、自愿的'善'的观念"(王天孜 2005:1)。我们强调一种发自内心的自觉性和"以人为本"前提下的人性。

在和谐话语分析中,有关生态的良知并不是针对某个存在个体,而是对于人类和非人类物种的整体性而言。我们所要尊重、关爱和保护的是生态系统的完整性和稳定性,以及构成生态系统的各个子系统和各个物种的生命可持续性。生态良知是指导我们生态行为的内在原则。例如,人们开采资源和猎取野生动物之时,如果具有生态良知,就会考虑这样做带来的后果,也就会特别注意资源开采和对非人类动物利用的界限;反之,如果没有生态良知,这些行为就可能肆无忌惮,对生态系统带来破坏性的后果。

(2) 亲近原则

我们已经谈到很多次,我们所认同的和谐是包含了"差等"的和谐。因此,生态中的各种生命形式,从自己、至亲、朋友、路人、飞禽、走兽、草木到山川等等,可以被理解为一个由近及远、从亲到疏的序列。

人与地球上其他生命形式的关系是有亲疏之分的。从"以人为本"的基本假定看,每个人都是首先以"我"为中心的;在对待其他生命形式时,就是从与"我"的亲疏关系开始的。其他生命形式与"我"的亲疏关系不是固定的,可以从不同的维度进行定义:生物的、地理的、空间的、时间的、认知的、感情的、知识结构的、常识的等等。采取不同的维度,所得到的亲疏关系也就不同。例如,就亲戚间的亲疏关系来说,传统的,或者说普遍认可的,可以通过图6(见下页)来表示。

从图6可见,"自己"(也就是"我")居于中心,而丈夫或者妻子与"自己"则视为一体。图中与"自己"距离越近的亲戚越亲密,如父母、儿女、兄弟姐妹等;而图上距离越远的亲戚越疏远,如姨妈、姑妈、舅舅、伯(叔)父、表(堂)兄弟姐妹等。这是生物维度视角,或者更确切地说,是家庭成员结构视角。然而,从情感维度来说,亲戚间的亲疏关系不一定总是这样。目前农村留守儿童是一个较为普遍的现象。对于留守儿童来说,最亲的人不一定是距离他们千里之外的亲生父母,有些年纪小

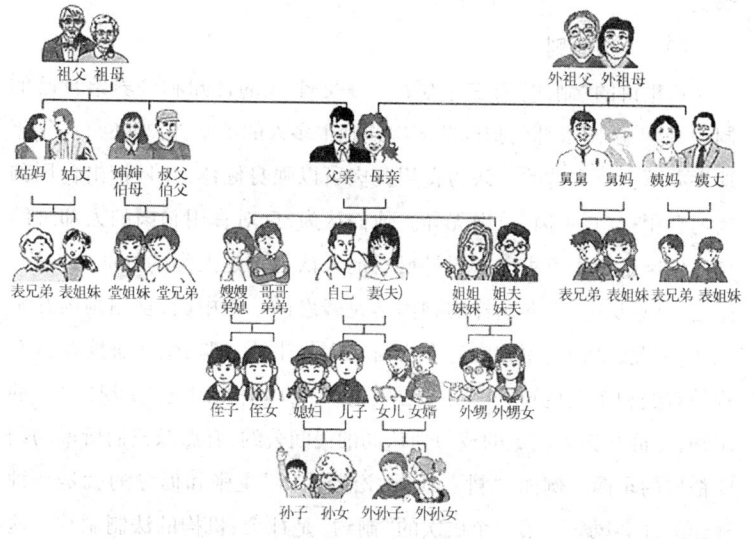

图 6　亲戚关系图（佚名［2019］）

的留守儿童在时隔一年或者几年后再见到父母的时候甚至会感到陌生。这种情况下，最亲近的可能是日常关照他们、抚养他们的爷爷、奶奶或其他人。而对于一些儿女长期在外地或者国外工作和居住的老人来说，朋友、邻居或者养的宠物可能比儿女更为亲近。可见亲疏关系在情感纬度上与在生物纬度上并不完全一致。

之所以谈亲疏，是想要传递这样一个信息：从和谐的视角进行生态话语分析，由于分析者可能采用不同的维度来看待人与他人、人与其他非人类有机体以及人与自然资源的关系，因此可能对生态系统不同组成部分采取不同行动。例如，在发生火灾时，大部分人会选择首先拯救与自己关系最亲近的夫妻、孩子、父母等，但是也有人将饲养的宠物视为家庭不可或缺的成员，会拼尽全力救出它们，即使可能失去自己的性命也在所不惜。再举一个例子，当前生态系统中不少非人类物种都处于濒危境地，但是受时间和能力所限，我们只能首先拯救那些分布广泛的、与人类生存有着密切关系的物种，之后再延伸至其他物种。因此，亲疏原则在一定程度上指导了我们生态行动的主次之分和轻重缓急。

(3) 制约原则

这里讲的"制约"有三个层次。一是个人的良知和修养给自己的制约,比如中国玉林的狗肉节多次遭到很多人的抵制,但却还是一年年地举办下去。支持的人认为食用狗肉可以强身健体,并且指出食用狗肉与食用猪肉、牛肉、羊肉无异。他们认为,反对食用狗肉的人却继续食用猪肉是假人道主义。但是反对的人认为狗是人类的好朋友,是有感情、有意识的,举办这样的狗肉节是残忍的。在中国,食用狗肉并不犯法,因此,是否食用狗肉完全出自个人的生活体验、生活态度及其对狗的看法和个人良知。第二个层次的"制约"是社团的"乡规民约"的制约,是群众集体制定的或习惯认同的民间公约,有点像我们所说的约定俗成的东西。例如,"耕者让畔,讼者让田"主张和倡导的就是一种礼让的社会风气。第三个层次的"制约"是社会、机构的法制制约。这是最具有强制性的,个人良知修养和乡规民约都不能凌驾在法律之上。假如国家将举办狗肉节列为非法的,那么所有的争辩(狗肉的食用价值以及与其他家禽同等的地位)都要让步。一个人、一个社区、一个社会、一个国家是否足够文明、是否有生态意识,可以从规则的制定和执行来衡量。从国家、各级政府立规上说,首先要以人为本。其次,所制定的规则要有可操作性,权力必须公平、规范、有约束力和制衡力。

上述"制约"的三个层次并不是平等的:个人的规则要服从于社区的规则,社区的规则要服从于社会、机构的法制制约,这样才有可能做到社会安定、人与他人及自然和谐相处。

在对待生态问题上,有很多学者批评人类中心主义,有一些人甚至提倡不繁衍后代,即"人类自愿灭绝运动"(Voluntary Human Extinction Movement)。但是在现实生活中,以人类为中心是无法消除的。我们认为,和谐话语分析还是要以人为本,离开了"人",就没有我们了,那谈什么都是没有基础的。当然,这个假定是基于人要有良知的理念,因此我们才要提倡生态教育(ecological education)(见问题55);同时,在人类社会中,亲疏关系也是永远存在的;但是,只有良知和亲情是不够的,应该也有制约。因此,和谐话语分析需要有"以人为本"的基本假定和良知、亲近、制约三条原则来作为实践的指导思想。这三条原则相辅相成,为和谐话语分析提供一些分析视角和指引。何时采用何条原则,要视问题的性质而定。在很多情况下,三条原则常常是一起发挥作用。

39

和谐话语分析的理论指导、研究方法和研究对象是什么?

(1) 理论指导

在问题 37 中,我们描述了和谐话语分析的目标,这是基于韩礼德(Halliday 2007)所说的"系统生态语言学"而提出的。

我们研究的语言学理论支撑是系统功能语言学(如 Halliday & Matthiessen 1999, 2014;Halliday 1990/2001, 2007),引导我们研究的核心问题是韩礼德(Halliday 2007: 14)所说的"我们的意指方式如何左右我们对环境的影响?"(How do our ways of meaning affect the impact we have on the environment?)。

系统功能语言学被称为"新马克思主义语言学"(neo-Marxist linguistics)(Martin 2000,见何远秀 2016),因此我们推崇辩证唯物主义,采取整体论(holism)、多元论(pluralism)、系统论(systemism)而不是二元论(dualism)。采用系统功能语言学作为和谐话语分析的语言学理论支撑,一方面把语言看作政治活动的工具,把语言研究置于政治语境下的社会实践中,另一方面把语言与文化语境、情景语境和上下文语境结合起来,在语境中研究语言、语篇和话语以及它们传递的各种意义,同时又在研究语言的基础上将其应用到实践中,突出语言的干预功能和政治取向,用来解决实际问题。系统功能语言学是"一个对社会负责的语言学"(a socially accountable linguistics),是"以问题为导向的理论"(a problem-oriented theory)(Halliday 2009;Martin 2013;黄国文、文秋芳 2018)。因此,它的"实际性"和"实践性"是我们选择它作为理论指导的原因之一。选择它的另一个原因是,中国的文化思想影响了该理论的构建,该理论体系中包含着很多中国元素(见胡壮麟2018;黄国文2018c),符合我们在中国特定环境下的本土化研究要求。

(2)研究方法和研究对象

和谐话语分析的研究方法是对话语进行多维度、多层次的分析,包括话语所明示或暗含的世界观、价值观、意识形态,话语的语义和含义,话语的谋篇和结构,话语的语境,话语的表述(语言的选择、语法的特点),语言与环境和各种语境的关系,等等。按照系统功能语言学的研究方法,就是采取三维视角(trinocular perspective)(Halliday 1996/2002:408)——从上(from above)、从下(from below)、从周围(from roundabout)来进行分析。分析时既要了解话语发生的背景,也要了解语言的具体语篇环境,还要结合语篇的上下文环境。

要进行和谐话语分析,首先要清楚研究的目标与原则,遵循所信奉的生态哲学观。由于现实是语言构建的,因此研究要以表达意义的语言作为起点,从分析语言的结构和使用入手,用生态的视角审视语言系统、语言结构和语言使用,并把语言放进生态环境中考察。具体的分析方法表现为:在语境(文化语境、情景语境和上下文语境)的指引下,考察语言的语义层、词汇语法层、音系层和语音层的特点,并根据自己的生态哲学观进行解读、解释和评估。

和谐话语分析以生态类话语为起点,然后逐渐扩展到各种文本类型,最后进入整个语言系统,在生态视域下讨论语言问题。但是这几个方面没有固定的先后次序,可以同时进行。当然,也可以先对话语所表达的宏观意义进行定位,然后通过语言分析来找到证据。这两个研究方向可以实现两个不同目的:一是作为意义表达的语言是怎样构建现实的,二是作为语言系统的语言实例(instance)是怎样反映语言的意义潜能(meaning potential)的。这其实是作为适用语言学(appliable linguistics)和作为普通语言学(general linguistics)的系统功能语言学的两个界面。

和谐话语分析是一个具有明确政治倾向和价值取向的活动,所做的分析和结论与分析者的生态哲学观紧密相连。我们的分析框架是基于中国历史背景、文化传承、社会发展阶段的实践提出的,具有特别明显的本土意识。

40

汉语的生态语言学研究主要有哪些观点?

生态语言学视角下对汉语的研究以隐喻研究为主。目前,比较突出的一个新特点是:随着新媒体的出现和流行,越来越多的研究将目光投向网络语言,讨论其发展和规范,以期治理语言污染,建立健康的网络生态环境,通过保障网络语言的生态性来保障人和社会的生态性。濒危语言(特别是部分少数民族语言)是中国生态语言学的另一个研究重点。少数民族濒危语言承载着中国少数民族的文化,拯救它们无疑对传承中国文化、保持文化多样性、实现语言生态平衡和社会平衡至关重要。因此濒危语言的保护工作一直是中国的语言工作重心。除此之外,中国生态语言学本土化还涉及对方言的研究,包括使用者的语言态度和方言的生态位等。这些方言并不一定濒危,但对它们的研究可以揭示语言的跨地域变迁和融合,由此透视当地的政治、经济、文化发展状况。汉语生态语言学研究的第四个内容是英汉关系研究,如英语在中国的地位、中式英语、英式汉语、洋泾浜汉语等等。英汉关系研究有利于国际语言交流,也在一定程度上帮助英语和汉语学习者对这两门语言有更多的了解。最后,生态视角下的汉语研究是对汉语语言本身的结构、功能等的研究,例如汉语字母化、语言变异、新生词衍变、外来词、词语模等。

相对汉语生态语言学的隐喻研究,汉语生态语言学的非隐喻研究,即汉语的结构或功能与生态系统的关系研究,可谓凤毛麟角。赵蕊华(2018b)在系统功能语言学框架下,以北京大学汉语语料库 CCL 的"野生动物"项为例,在统计和讨论过程类型(type of process)和参与者角色(participant's role)的基础上进行及物性分析,展示了与野生动物相关的汉语语言特征。该研究认为语言在构建野生动物和人类在生态系统中的地位、能动性、感知力和活动范围等方面各有特点,揭示了汉语中与野生动物有关的三个突出的生态因素——消费主义、数量主义和唯人主义,使人们对中国的野生动物现状有所了解,希望引导他们做出适当的生态回应和采取合理的生态行为。这也是中国生态语言学研究者对生态语言学本土化非隐喻研究的有益尝试。

目前,虽然汉语的生态非隐喻研究还没有大范围展开,但是,它将是、也应当是中国生态语言学研究的发展趋势之一。虽然中国置身于全球生态危机之中,与其他国家一样都面临着日渐突出的生态问题,但是中国有自己特定的发展阶段、经济政治体制和文化传统。我们需要从中国的实际情况出发,从汉语的语言结构和功能着手,开展生态语言学的汉语研究。

41
和谐话语视角下的中国"故事"有哪些?

我们在问题 33 中提到,生态语言学研究的本土化需要讲好本土的"故事"。"故事"被斯提比(Stibbe 2015: 6)定义为"个体头脑中的认知结构,影响着他们对世界的感知"(cognitive structures in the minds of individuals which influence how they perceive the world)。换句话说,"故事"就是人们的一些理念、做法和习惯。这些思想和言行受意识形态、价值观、伦理标准、判断力和认知力影响,左右我们的生活。但是,这些"故事"并非固定的——在不同人的头脑中,在不同的区域,"故事"会有所不同,而且随着时间的推移,一个人头脑中或者一个区域内的"故事"也会发生变化。

工业化时期的四个主要"故事"是个人主义(individualism)、进步主义(progressivism)、经济主义(economism)和人类中心主义(anthropocentrism)(Bowers 2014: 27),其中,后两个"故事"正是生态批评话语经常抨击的对象。以经济主义为例,中国与世界上其他国家一样,其有关发展的"故事"是围绕经济展开的。中华人民共和国成立之初经历了一系列内忧外患,人们的正常生产生活无法得到保障,在这种情况下实现经济增长、增加人们的物质收入是首要需求。因此,那时中国的"故事"都是以经济为中心,"经济优先""财富是身份的象征""制度、自然环境等为经济服务"等思想深入人心。但是 21 世纪以来,中国的经济有了快速的发展,同时世界范围内出现了严重的生态问题,生态系统处于崩溃的边缘,而身处此系统中的人也感受到生存的威胁。因此,经济已经不再是发展的唯一重点。在新时期里,鉴于中国的实际情况和具体环境,人们关注的是生态与经济的共同发展、协同合作。目前中国发展的"故事"表现为对自然、科技、经济发展、人民生活质量和文化传统等相互关系的重新定位和重新审视。

生态语言学家需要研究语言和语言所构建的各种各样的"故事",以揭示这些塑造人类生活以及人类生活中各种关系(包括人与人、人与自然、语言与自然的关系)的种种"故事"(Stibbe 2015:5),从而推广有利于生态和谐和可持续发展的"故事",抵制破坏生态健康发展的"故事"。很多时候,为了适应特定的背景,我们需要塑造、构建新的有益的"故事",但是这是一个缓慢而艰难的过程。我们期待可以通过语言去构建新的现实,从而影响人们的认知结构,这是生态语言学研究者的一个重要任务。

42

中国的生态语言学本土化研究对国际生态语言学有哪些贡献?

中国生态语言学的本土化实践主要表现在和谐话语分析的提出和汉语生态语言学的非隐喻研究。这些研究对国际生态语言学同行是有启发和帮助的。

第一,中国生态语言学本土化背景下的和谐话语分析能为生态话语分析提供一条不同于欧美学者做法的路径。虽然该路径是在中国语境下提出,但是其宗旨是,生态话语分析要根据各个国家、各个地区的特定情况(包括政治、经济、文化、历史等因素)而展开。因此,它并不局限于中国,而是也适用于其他国家和地区语境的生态话语分析。和谐话语分析的提出有利于生态语言学的多样化发展,它与生态批评话语分析相辅相成,特别是为政治经济体制和发展阶段不同于西方的国家探讨语言与生态问题提供了更多选择。

第二,中国生态语言学的本土化实践明确以系统功能语言学作为理论指导和研究框架。之所以选择系统功能语言学,是因为它的创始人韩礼德受中国语言学传统的影响很深,在一定程度上可以说系统功能语言学是起源于中国,其理论体系中有很多中国元素(见胡壮麟2018;黄国文2018c)。亚历山大、斯提比和格特力等都深受韩礼德的影响,在研究中经常提到他的观点,例如名词的可数性、分类等等。而中国生态语言学的本土化实践则是将系统功能语言学和生态语言学有机地结合起来,是一次跨学科研究的有益尝试,既丰富了作为适用语言学的系统功能语言学的研究内容,又为生态语言学研究提供了切实可行的研究视角。

第三,就研究结果而言,中国生态语言学的本土化研究通过探索汉语的结构和功能,揭示汉语的生态因素和非生态因素。这一方面为汉语研究提供了新的途径(生态非隐喻研究),另一方面展示了语言与生态之间的关系,以及中国生态文明建设事业的和谐化进程。

除此之外,何伟等人(何伟、魏榕 2017b,2018b;何伟、张瑞杰 2017;张瑞杰、何伟 2018 等)尝试建立的"功能生态语言学"(何伟、魏榕 2017a)也可以视为中国生态语言学研究本土化的表现。不过与和谐话语分析和汉语的生态研究一样,功能生态语言学也还有很长的路要走(见问题 70)。

总之,本土化研究是语言学的重要组成部分,生态语言学也不例外。在中国语境下提出和谐话语分析和进行汉语生态语言研究,就是学术本土化的有益尝试,我们期待更多的学者参与到生态语言学本土化研究中来。

43

当前在中国对生态语言学研究的误解有哪些?

这里所说的对生态语言学研究的误解需要两个限定词汇:"中国"和"非隐喻研究"。由于生态语言学的非隐喻研究在中国兴起的时间尚短,因此一些人对中国的生态语言学非隐喻研究还存在困惑和误解。

首先,也是最突出的是对生态话语分析的误解。部分研究者将生态话语分析与生态批评话语分析等同起来(见问题25),在进行生态话语分析时采取批判的视角,抨击话语中的非生态因素,忽略其他生态因素。换句话说,中国生态语言学非隐喻研究的路径相对来说较为单一,重点关注话语中的非生态因素,较少考虑到具体的语言环境和生态背景。这也是我们提出和谐话语分析的动因之一。我们在批判语言的非生态因素以及破坏性话语的同时,需要了解其中的"和谐"因子,这样可以为人们提供正面参考并展现一个充满希望的未来。

其次,虽然在中国语境下黄国文提出了和谐话语分析以及"以人为本"的假定,但是由于这个路径提出的时间尚短,还有需要完善的地方,且尚待实证研究的支撑,因此一些研究者对这一研究路径还不熟悉。他们在进行生态话语分析时受到西方生态语言学现有研究成果的影响,倾向于批判由韩礼德(Halliday 1990/2001)提出的语言的非生态因素,如增长主义(growthism)、等级主义(classism)等(见问题52和61),而这些因素归根到底是以人或者人的利益为中心,因此也可以说这些研究者倾向于批判以人类(发展)为中心的观点。这一视角将人设立在非人类有机体的对立面,对人的定位较为片面。然而,对人的定位,或者说,对人的生态位的探索应该是多元化、系统性和整体性的;人和其他生命有机体应该是相互融合、和谐共生的,而非对立的。

第三,虽然中国的学者也提出了生态语言学研究的认知路径(如王馥芳 2017;马俊杰 2018;朱长河 2008),但是目前大多数人采用的是系统功能语言学的框架,研究的视角大同小异(例如及物性、语态等),所得出的结论也比较相似。但这并不奇怪。首先,批评话语分析借用了许多系统功能语言学的思想和方法,因此,生态话语分析从批评的视角出发,在系统功能语言学的框架下展开研究就非常得心应手。其次,中国生态话语分析的多位主要研究者都是系统功能语言学研究者,他们的跨界研究使生态语言学研究在系统功能语言学界掀起一股新的热潮。这样一来,系统功能语言学作为分析框架就成为许多研究者的首选。但是,这可能会制约研究者的视野和研究结论,因为如果从不同的角度、在不同的框架下展开分析,应该会有更多不一样的收获。

我们所说的困惑和误解主要就表现在对生态话语分析的定性、研究内容以及研究框架和手段这三个方面。这些困惑和误解跟中国的生态语言学非隐喻研究的发展时间尚短有很大关系,但它们也促使我们积极号召更多不同领域的研究者参与到生态语言学的研究中来。

什么是生态语言学

生态语言学研究的主要内容

44
生态语言学学者与生态学学者的区别是什么？

从20世纪70年代豪根提出语言生态研究开始，生态语言学已经发展了近半个世纪，但是相对其他已经非常成熟的语言学科而言，它还有很多问题尚待解决。而生态学则是一个较为古老的科学。据维基百科记录，最早的生态学观点源于古希腊哲学家（科学家）对自然界及其历史的观测记录，可以追溯到公元前四至五世纪希波克拉底（Hippocrates）、亚里士多德（Aristotle）等古希腊哲学家对自然历史的观测以及希罗多德（Herodotus）有关自然界中的平衡的思想。

生态学是"研究生物有机体与其周围环境相互关系的科学"（the scientific study of interactions of organisms with their environment）（Haeckel 2011）。它是一个非常复杂的学科，几乎涵盖或涉及了所有学科领域。为了更好地从事生态学研究，生态学研究者需要掌握广泛的知识和技能。除了现代生态学的相关知识外，他还要了解诸如数学、物理、化学、环境管理、环境经济等学科，同时需要熟悉各种电脑软件的使用。在线百科全书给生态学学者贴上四个标签："地球的朋友"（friend of the earth）、"绿色"（green）、"环保主义者"（environmentalist）和"环境保护狂"（tree hugger）。生态学学者的研究内容及需具备的素养可由图7（见页）表示。

生态学学者一定是关心生态环境的，具有环保主义者的生态意识和责任感。生态学学者的研究内容包括种群的自然调节、物种间的相互依赖和制约、物质的循环再生和生物与环境的相互作用。生态学学

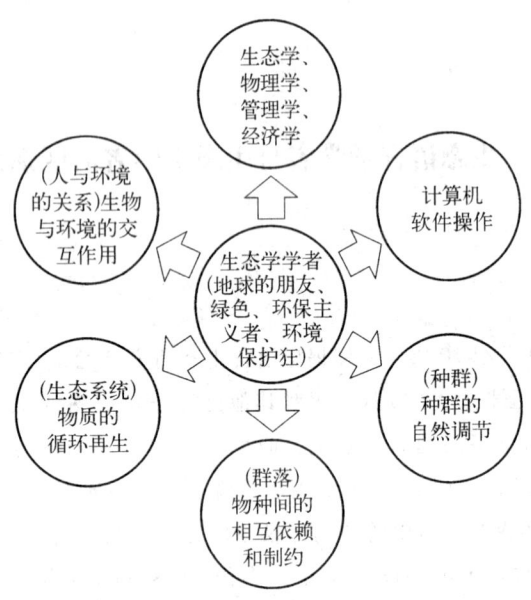

图 7 生态学学者的研究内容和自身素养

者首先要有扎实的生态学知识,此外还要了解物理学、管理学和经济学等学科的内容。

生态语言学与生态学一样,是一个复杂的跨学科研究。就研究内容而言,理论上来说生态语言学学者也关注生态学的四个研究方面:种群、群落、生态系统以及人与环境的关系。但是生态语言学研究的一个最突出的特点是将语言视为生态系统的一部分,讨论语言在生态问题中的角色。在生态语言学中,语言是反映生态问题的载体,是构建生态现实的工具,也是生态语言学家的研究对象。因此,生态语言学研究者首先要掌握的是生态学和语言学的相关知识,掌握相关软件工具的使用方法,更理想的是尽可能对其他学科都有所了解,例如与生态语言学紧密相关的社会学、心理学、认知学等方面的知识。图8(见下页)展示了生态语言学研究者的研究内容、标签属性和所需技能。

生态语言学学者从本质上来说应该是关心生态环境的,是环保主

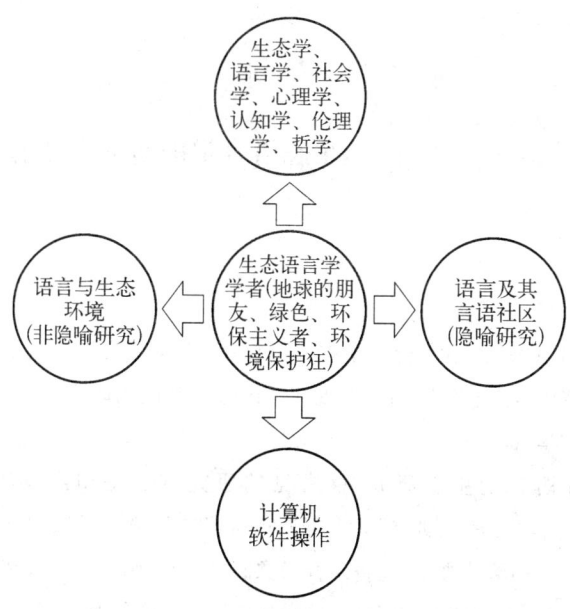

图 8 生态语言学学者的研究内容和自身素养

义者,是"绿色"的实践者。生态语言学的研究内容主要分为对语言与生态环境关系的非隐喻研究以及对语言与言语社区关系的隐喻研究,因此生态语言学学者至少需要具备生态学和语言学的知识,另外还要对社会学、心理学、认知学、伦理学、哲学等有所了解,同时掌握相关计算机软件操作。

对照图 7 与图 8,我们可以看到生态语言学研究者与生态学学者具有相同的属性,都是地球的朋友、环保主义者等,但他们所研究的范围和所需要的知识技能不完全相同,既有重叠之处又有各自的特色。

45

生态语言学的研究方法有哪些?

在问题39中,我们介绍了进行和谐话语分析的方法。这里我们将展示一些语言生态研究和生态批评话语分析常用的研究方法,供生态语言学初学者参考。

关于语言的生态研究,最常见的研究方法是田野调查(field research),也称"实地研究"。田野调查可以获得第一手数据。研究的准备工作包括阅读文献,配备录音录像器材,确定调查的对象和调查目标,寻找有代表性的调查区域和使用目标语言的合作对象,制订研究内容(语音、词汇、句法、语篇)。需要注意的是,确定调查对象时采用抽样调查,因为对相关言语社区中的每个成员都进行调查是不现实的。田野调查是一种定性研究,在田野调查中所获的数据并不需要研究者进行量化统计。研究者要做的是通过观察、问卷调查、访谈或者口述史的途径获得数据,并对获得的数据进行分析、提炼、总结以及对问题进行解释。田野调查尤其适用于描写语言(特别是方言、少数民族语言等)的结构、功能、使用情况及其发展变化。除此之外,语言生态研究也可以采用案例分析或者语料库方法研究课堂教学、网络等背景下的语言使用、语言净化和语言规范等问题。

至于生态语言学的另一个研究路径(以生态批评话语分析为代表),典型的研究方法是文本分析和语料库分析(见问题52)。生态批评话语分析主要通过分析文本的语言特点揭示其不利于生态系统健康发展的非生态因素以及作者的生态哲学观。因此,采用文本分析法是生态语言学非隐喻研究的常见做法。随着计算机技术的不断发展,语料库逐渐成为语言学研究不可替代的手段之一,对生态语言学也是如此。研究者可以根据自己的研究目的和研究范围选择自己建立语料库或者利用现有的参考语料库(reference corpus),如美国当代英语语料库(COCA)、英国国家语料库(BNC)等等,开展对语篇、话语、语言的非生态因素研究或者是跨阶段、跨语域的对比研究。语料库研究方法一般采取定量分析和定性分析相结合的方法。例如,如果研究者想要了解学术领域对生态问题的看法,他可以选择对某一文本进行分析,也可以选择搜集一定数量的学术类文本建立小型语料库进行分析,还可以直接在 COCA 的"academic"分类下进行量化统计和分析解释。

    总的来说,生态语言学的研究方法并非固定的,而是需要研究者根据具体的研究问题和研究目的做出适当的选择。

46
什么是生态哲学观？

生态哲学观是生态话语分析中的关键性概念，它直接影响分析者的研究视角、分析方法、对结果的解释和所做出的结论。分析者根据自己的生态哲学观对造成当前生态问题的思想和行为进行审视、反思和批评，并区分有益性话语、中性话语和破坏性话语，从而倡导、推崇有益于生态和谐发展的思想和行为，反对、抵制不利于生态系统健康和平衡的思想和行为，肩负起语言研究者的社会责任。

生态话语分析是一个具有明确政治文化倾向和价值取向的活动：对于同一语篇来说，持有不同伦理准则、价值观和生态哲学观的分析者会做出不同的判断（Stibbe 2015：11-12，2018：175），会有不同的分析重点，产生不同的研究结论（见黄国文 2016b）。分析者持有的不同的伦理准则、世界观、价值观和生态哲学观与他们的生长环境、教育背景、所处的社会体制、文化传统和宗教信仰有着密切关系。个人特定的生态哲学观即使在形成后，也可能因为接触到新的环境、发现新的证据、获得新的体验而不断改变、更新。因此，生态语言学与很多人文学科一样，没有"普世的生态哲学、普世的价值取向和普世的评判标准"，也就不存在所谓的"'正确'与'不正确'的价值观和方法论"（黄国文、陈旸 2016b）。

受深层生态学（deep ecology）（Naess 1995）和社会生态学（social ecology）（Bookchin 1994，2005）的影响，斯提比（Stibbe 2015）提出了以生态问题为导向的生态哲学观："生活！"。"生活！"所传递的信息是尊重、肯定和赞美世间万物。它包括七个要素：重视生活、福祉、现在和未来、关怀、环境极限、社会公正和恢复。斯提比并没有对这七个要素区分先后与主次,他应该是把这些要素视为平等的。然而经过逻辑思考,我们(黄国文 2017)发现它们有"重要—次要"之分,且有先后顺序。在这七个要素里面最重要也是最基本的是"重视生活"。我们要懂得如何生活,要热爱生活,关心生活中的人和事,要活得有质量。接下来是"福祉"。福祉与生活是紧密联系的,两者的核心都是质量。生活不同于生存;我们早已跨越了生存的阶段,进入了提高生活质量、追求精神富足的生活阶段,因而生活与福祉可以说是共存的。但是,我们在追求生活质量的同时不能忘记我们的下一代,我们在满足自己和我们这一代人的需求的同时,还要考虑下一代的生活。这就是"现在和未来"的内容。为了提高生活质量、谋求福祉、为下一代创造条件,我们会利用自然环境、自然资源甚至非人类动物来实现自身的发展需求和心理满足,但这样就很有可能会破坏生态系统。因此,我们要意识到"环境极限"问题,要考虑其他物种,"关怀"生态环境和其他物种,不能因为关注自身利益而无节制地牺牲环境、资源及其他非人类动物的福祉甚至生命,换句话说,我们要考虑"社会公正"的问题。人类在追求自身发展的过程中,对生态系统造成破坏,这在对其他非人类生命体产生威胁的同时也不利于人类自身的可持续发展。因此,我们要去适应环境变化,根据环境来构建认知和理念,并做出适当的行动帮助生态"恢复",从而走出工业发展所带来的生态困境,逐步从工业文明走向生态文明。

总而言之,我们认为斯提比这七个要素的出发点还是以人为中心,首先是要重视人的生活("重视生活"),而且要过得好("福祉"),然后既考虑现在也考虑未来("现在和未来"),也关心别人("关怀""社会公正"),最终要认识到地球所能提供给人类的资源是有限的("环境极限"),因此必须提高对环境的"恢复"能力。不过这只是斯提比自己所认同的生态哲学观,不同的生态语言学研究者受相似或者不同因素的影响,有可能会形成相同、相近或者相反的生态哲学观。

在中国的语境下,我们的生态哲学观深受中国传统哲学的影响。

孔子主张的"天生万物"以及老子主张的"道生万物"蕴含的意思都是：世界的本源是天或者道，世间万物（包括人）都由天或道生成，它们之间要和谐相处，以自然界为归属。中国的生态哲学是在中国特定的历史长河和文化背景下形成的，与中国的生态环境和社会发展紧密相连。我们所主张的"以人为本"的人与自然和谐共生的生态哲学观正是在这样的背景下提出的。

我国有多位学者对生态哲学问题做过深度研究。例如，蒙培元（2004）通过研究人与自然的关系探讨中国哲学生态观，乔清举（2013）聚焦儒家生态思想，而鲁枢元（2019）则提倡"人与自然和谐相处"的生态哲学观。

47

对生态哲学观的另一种看法是什么？

严格地说，"生态哲学观""生态哲学"和"生态观"这些概念之间是有差异的。

何伟、魏榕（2018b）认为生态哲学观和生态哲学（ecophilosophy）是两个不同的概念。根据奈斯（Naess 1989）对哲学的定义，生态哲学与他阐释的哲学的第一层含义相联系，是一个研究领域，是了解知识的方法；而生态哲学观则与他阐释的哲学的第二层含义相联系，是个人特定的有关生态的哲学观点。在这样的区分下，生态哲学是一门学科，与生态美学等学科处于并列地位，而生态哲学观则"如生态美德一样，是生态哲学的主要外化形式"（何伟、魏榕 2018b：29）。换句话说，生态哲学观是生态哲学的主要表现。

我们认为，虽然生态哲学和生态哲学观存在差别，但是它们位于一个连续统之上：生态哲学位于系统端，生态哲学观位于示例端。按照韩礼德和麦蒂森（Halliday & Matthiessen 2004）的说法，这两者指的是同一现象，只是观察者的角度不同而已。从另一个视角来看，我们也可以说生态哲学和生态哲学观位于不同的抽象层面：生态哲学位于抽象层，而生态哲学观则是生态哲学较为具体的表现形式。这个解释与何伟等人的"外化形式"近似。鲁枢元（2019：5）从本体论、认识论和价值论三个方面，将生态哲学解释为"生命与环境、人类与自然、社会与宇宙、精神与物质"和谐共处的世界观。虽然鲁枢元使用的是"生态哲学"一词，但是他介绍的是一种"世界观"。因此，我们认为，生态哲学和生态哲学观指的是相同的内容，不过研究者在使用时要根据系统性和抽象性酌情考虑、做出选择。

48

什么是生态伦理？

在回答什么是生态伦理（ecological ethics）这个问题时，我们需要了解什么是伦理，以及生态伦理与社会伦理的联系和区别。

根据百度百科的定义，伦理是"在处理人与人、人与社会相互关系时应遵循的道理和准则"。伦理是一种社会行为规范，它告诉我们什么是好的、什么是坏的。据百度百科记载，"伦理"一词在中国最早出现在《礼记·乐记》："乐者，通伦理者也。"伦理不同于法律，伦理是非强制的，是自然法则。我们对是非的判断来自我们所受的教育、所获得的常识以及所处的环境。比如，在路上看到有人跌倒了，如果路人把他扶起来并关心地询问他是否受伤，那么可以说这个人很有道德，但是如果他没有理会跌倒的人而是径自通过，我们就说他没有道德、情操不高或者缺少爱心，却不能用法律的手段惩罚他。

伦理是从概念的角度对道德现象进行哲学的思考，因此"伦理"经常与"道德"同时出现。伦理研究的核心围绕道德与经济利益、物质生活的关系，以及个人利益与集体利益的关系展开。不过，也有研究认为伦理和道德是不同的，它们的区别在于道德容易随着时间和空间的改变而改变，而伦理则相对固定，不受时空的制约。但实际上，伦理与道德一样，都是受社会环境和时代变迁影响的。举个非常简单的例子，在过去很长一段时间，中国人认为"不婚""不育"是颠覆传统伦理认知的，正如我们经常听到的"不孝有三，无后为大"。但是现在已经有不少人选择不婚，还有一些家庭选择丁克，而周围的人对这些现象已经逐渐适应，接受这些个人和家庭做出的选择。

从对伦理的定义和研究核心来看,虽然伦理包括人与人、人与社会和人与自然之间关系的行为规范,但总的来说它还是倾向社会的,也就是我们所说的社会伦理。社会伦理的内容包括贫富问题、公义问题和环境问题。这些问题是全球化的问题:一个国家的问题加剧,极有可能波及其他国家,引起蝴蝶效应。现在几乎每个国家都存在贫富差距问题,并且部分地区的差距越来越大,由此引发了一系列的社会问题,例如安全危机、信任隐患等。贫富差距扩大造成公义和公正失衡,特别是个人贫富差距的扩大,导致一些仇视社会、报复社会、危害社会安定的现象出现。因此,从社会伦理的角度出发,我们要健全体制和法制,发扬公义精神,协调个人与个人、个人与社会、个人与环境的关系,实现社会的正常发展。社会伦理中人与环境的关系主要是社会生态问题,是人对生存环境的认识和利用,也包括一个地区的环境问题对其他地区的影响。从伦理的角度看,我们需要加强合作,对环境资源取之有度、用之有道。

生态伦理则完全建立在生态系统之内,是关于人在处理自身与其他生命、自然环境和资源等生态系统组成部分的关系的道德规范。在生态伦理视角下,人不仅仅是社会的主要构成者,更是生态系统的构成者;人与生态系统其他成分有各自的角色和功能,相互作用、相互影响,是生态系统下的一个子系统。因此,人类对环境和其他物种的作用势必也会反作用到人类自身。生态伦理超越了人类社会范畴,扩展了道德的范围,旨在调节生态系统中各个子系统的关系,以期通过唤醒人类自觉的生态意识和生态行为,实现生态系统的和谐、平衡和可持续发展。

生态伦理有人类中心主义和非人类中心主义两个流派,它们都主张保护生态环境和其他物种。人类中心主义以人类的利益为最终目标,非人类中心主义将生态系统中的其他成分(如非人类动物)的利益置于与人类等同的地位(见问题5)。以深生态主义为例,作为深生态主义的代表,奈斯(Naess 1989:25-26)认为"最大限度的(长远的、普遍的)自我实现是生态智慧的终极性规范,即'普遍的共生'或'(大)自我实现'",人类应该"让共生现象最大化"。深生态主义主张的是非人类成分不依附于人类使用的内在价值。但是,人类为了自身发展,过度干预生态环境和其他生命体,造成了当今的生态危机,因此人类应该正视其他生命的福祉,减少自身要求以适应相对的繁荣,并建立相应的机制和政策保障,提供技术支持,提升生态意识。

在生态语言学研究中,不论研究者是以人类的福祉为最终目的还是注重非人类生物的天赋价值,都不能说是完全正确或者完全错误的。作为生态语言学研究者,我们所要坚持的是:思,以生态为本;行,以生态为道(think and act ecologically)。我们需要通过生态教育,使人们更加清楚地认识到自然与人的关系,提高全民的生态意识,建立人与自然和谐共生的生态伦理,构建人类命运共同体。

49

什么是生态价值观？

生态价值观（ecological value）在生态文明建设中有着特殊的地位，它是生态文明建设的价值论基础和文化基础。

生态价值观是处理人与生态的关系的价值观。就个人而言，生态价值观涉及对生态的认知、情感以及行为意向等方面。生态价值包含三个层面的意义：（1）生态系统中的各个成分为了自身生存，不仅实现本身的利益，同时也为其他成分的生存发展创造条件；也就是说，这些成分之间既是竞争关系，也是相互依存的关系，对于彼此而言都是积极的存在；（2）生态系统中的各个成分对于实现生态平衡都是不可或缺的，因此我们要积极开展生态保护，努力保持生物多样性；（3）从以人为本的角度来说，生态平衡是人类生存和发展的基础和前提，因此保护生态系统就是在保护人类自身。

生态价值不同于经济价值或者资源价值，这是生态语言研究者和生态保护者尤其需要注意的。经济价值（或资源价值）是指生态系统中的自然资源或者非人类有机体作为原料进入生产实践领域，被改变原貌，被人消费，为人服务，满足人的物质需求和精神需求；这是一种消费价值。与之相对，生态价值是一种非消费价值，它不主张消费生态中的资源，而是通过保存来实现其价值。以树木为例，如果人们砍伐树木，将其做成纸或者其他生活用品，那么对于人类来说就实现了树木的经济价值。但是另一方面，人们可以通过植树和保护树木，实现树木防风固沙、美化环境、净化空气的生态价值。因此，就生态系统中的各个成分来说，是被破坏成为消费品还是受到保护成为整个生态系统的守卫者,在很大程度上视乎人是如何看待生态成分的价值和功能以及它们与人的相互关系的。

生态价值具有公正性:生态价值对于不同的个人、不同的地区和国家,以及生态系统中的各个成分来说都是公平的。某个人、某个地区、某个国家对生态的破坏行为往往会影响其他人、其他地区和国家以及生态系统的其他成分,造成更大范围的生态恶化。同理,如果某个人、某个地区、某个国家付出一分努力保护环境和生态资源,那么修复生态系统的希望就会更大。

在生态语言学中,生态价值观影响话语分析者的事实判断和价值判断(见问题50),也是生态教育需要关心的内容。在生态话语分析中,分析者自身的生态价值观会影响他对话语的评估和判断,也会引导读者或听者的价值取向。生态教育要以树立有利于生态系统可持续发展的生态价值观为己任,帮助人们认识到生态成分的生态价值以及经济价值对生态系统可能造成的影响,从而引导人们的生态行为。

50

生态话语分析的事实判断和价值判断是什么？

事实判断（fact judgment）与价值判断（value judgment）始于英国哲学家大卫·休谟（David Hume），是哲学领域对事物内容进行判断的两个类型。谭晓春（2018b）基于其案例分析涉及的被采访者丁仲礼院士使用的"科学判断"一词，将事实判断改为科学判断。就谭晓春所分析的话语（对话）而言，使用科学判断更能突出作为科学家的丁仲礼与作为媒体人的柴静在生态问题上的不同看法（即一个注重"科学判断"，另一个注重"价值判断"）。实际上，科学判断和事实判断都是同一种指向，但是出于两个方面的考虑，我们认为"事实判断"更加适用于生态语言学研究。首先，用"科学判断"替代"事实判断"将本身统一在哲学领域的两个判断类型（即事实判断和价值判断）对立起来。通常我们在说科学的时候联想到自然科学，这有可能让人误解科学判断是属于自然科学领域的，而价值判断是属于人文领域的。其次，就"科学"的内涵来说，也不同于"事实"。科学包含着合乎科学的、合理的、正确的、通过验证的意思。更为重要的是，法国的《百科全书》这样写道："科学首先不同于常识"，而事实判断中可能会包含一些不一定合乎科学但是常识性的判断。因此，就概括性和延展性来说，我们认为"事实判断"更适合生态语言学研究。

事实判断是对事物本身客观存在事实的描述和指陈的判断，而价值判断是基于主体态度和感情对主客体之间价值关系做出的肯定或者否定的判断。换句话说，事实判断可以用"是……"或者"不是……"来表达命题，而价值判断则可以用"我认为是……""我认为不是……"

"我不认为是……"来表达命题。例如,我们可以看下面一段百度百科对大熊猫的描述:

> 大熊猫(学名:Ailuropoda melanoleuca):属于食肉目、熊科、大熊猫亚科和大熊猫属唯一的哺乳动物,头躯长1.2—1.8米,尾长10—12厘米。体重80—120千克,最重可达180千克,体色为黑白两色,它有着圆圆的脸颊,大大的黑眼圈,胖嘟嘟的身体,标志性的内八字的行走方式,也有解剖刀般锋利的爪子。是世界上最可爱的动物之一。

这段节选总共有三句话。前两句话是对大熊猫类属(食肉、熊科、哺乳动物)和外形(头躯长度、尾长、体色、脸型、眼睛、身躯、爪子)、体重、行走方式等事实的判断。最后一句话是明显的价值判断,它虽然是以"是……"的方式表达,但隐含的意思是"我们认为/人类认为大熊猫是世界上最可爱的动物之一"。"可爱"是人们根据大熊猫的外表以及它在中国乃至全世界的地位和受欢迎程度(例如,世界自然基金会WWF的标志就是大熊猫)所作出的主体判断。然而在现实中,大熊猫是一种极具战斗力的动物。据百度百科记载,大熊猫的臼齿非常发达,是食肉目动物中最强劲的,别称"食铁兽"。相比"大熊猫是世界上最可爱的动物之一""大熊猫是世界上最凶猛的动物之一"也许更接近事实判断。而对大熊猫的价值判断,除了"可爱"以外,我们常见的表达还有"憨态可掬的""萌萌的""温顺的",人们甚至给大熊猫起了绰号"滚滚"。

事实判断是基于对事物本身客观存在的了解,而价值判断则掺入主体判断者(即人)的思想、立场、态度、情感、世界观和价值观,可以进一步分为对主体生态价值的判断和经济价值(或消费价值)的判断。这里我们需要澄清一点的是:深生态主义不把自然和非人类生命体视为人类的工具或者资源,肯定它们不依赖于人类使用的"内在价值"。这一内在价值也就可以看作对自然和非人类生命体的事实判断或者对其生态价值的判断,而不是对其经济价值或消费价值的判断。例如,

"穿山甲是以白蚁为食的动物,可以保护森林、堤坝,维护生态健康"(杜瑶 2017)的第一个小句是事实判断,第二个小句是对穿山甲生态价值的判断,传递了一种生态价值观,有益于生态保护。但是如果说"穿山甲是一种可以食用和入药的动物",这是以人类的需求和使用为基础的,是对穿山甲的经济价值(消费价值)的判断,传递了一种经济价值观,很可能诱导猎杀穿山甲这种生态破坏性行为的发生。

事实判断和价值判断有两个特点。第一,事实判断和价值判断的划分具有相对意义,它们之间还有许多不确定的情况。例如,我们很难确定"野生动物是危险的"究竟是事实判断还是价值判断,因为更多时候我们说野生动物很危险是从人的安全出发。第二,事实判断和价值判断可能共同导致生态问题的出现,从而引导相应的生态行为。例如,"穿山甲是一种可以食用和入药的动物"这一表述是对穿山甲的价值判断,可能诱使人类为了满足自身饮食和医药的需求而大肆捕杀穿山甲,造成穿山甲数量急剧下降。此外,"穿山甲是胎生动物,每年一胎,通常产一仔,繁殖较缓慢"是关于穿山甲的事实判断,指出了穿山甲繁殖慢这一生物事实。在人为捕杀和繁殖缓慢这两个因素的共同影响下,穿山甲的数量越来越少。在这种情况下,穿山甲被列为保护动物,政府、有关机构和一些志愿者都积极开展保护穿山甲的活动,阻止情况的恶化。对穿山甲的捕杀和保护就是两种判断引导的生态行为。

在生态话语分析中,事实判断和价值判断影响分析者的分析路径和分析结论。其中,价值判断会受到生态伦理、生态哲学观和生态价值观的影响——持不同生态伦理、生态哲学观和生态价值观的人会做出不同的价值判断。这就要求我们在分析时将事实判断和价值判断结合起来,将客观分析和主观见解结合起来,从而使分析结果更加合理可信。

51

生态话语中的人类和非人类生命体的生态身份和生态关系是怎么建立的?

身份通常指社会身份(social identity),是指人的出身和在社会中的地位。在生态语言学中,身份是指生态身份(ecological identity),涉及人类和非人类生命体在整个生态系统中的角色。对于一个生命体来说:首先,他/她/它具有多重身份,不同身份担当的责任也不同;第二,对于其身份的确定是相对的、动态的,会随着时间和环境的改变而发生改变;第三,其社会身份和生态身份可能会发生冲突。

为了便于理解,我们先以最常见的社会身份为起点解释前两个特点。人类在社会中具有多重身份。以一个男性消防员为例,消防员是他在社会中的职业,他的责任主要是保护人民的生命财产安全。而在家庭中,相对其他家庭成员,他还可能是儿子、丈夫、父亲等等,那么他的责任是要孝敬父母、关爱妻子、养育孩子。随着时间推移,他精力和体力下降,可能不再从事消防员工作,而是转到其他行业,由此获得一个新的社会身份,履行新的社会责任。同样是随着时间推移,他的父母过世,因此他也就没有孝敬父母的可能;孩子长大成人后,他也不用再承担养育孩子的责任。可见,参照系统不同,人的身份和责任也会不同。

与社会身份紧密联系的是社会身份认同。社会身份认同可以看作对个人所处地位、文化和环境的认同,其目标是寻求人的社会价值。身份认同在传统意义上指"个人对特定社会文化的认同,强调一种社会文化关系",具体来说是"人在各种复杂的社会文化背景下的自我剖析,试图寻找人性、价值观、行为以及自我意识的文化定位"(王珊珊、宗秀蔡 2012：89)。在工业时期，或者说在极力追求经济增长时期，社会身份认同在很大程度上依赖于经济。很多人认为财富的不断累积有助于获得更高的社会地位，从而获得身份认同。在这种情况下，寻求社会身份认同可能会付出生态环境遭到破坏、生态资源匮乏、非人类生命体受到威胁的代价。在新的时期，人类正经历着从工业文明向生态文明的过渡，身份不再局限于社会身份，而是转变为生态身份，也就是我们所说的人类和非人类生命体在生态系统中的地位和相互关系。

生态身份认同指"人们在自然生态中解读人性、价值观、行为以及自我意识等"的活动。不同于传统的社会身份认同，生态身份认同不再局限于自我、社会和文化，而是"生态的大我，是范围更大的人类身份认同"(同上)。可以说人的生态身份是先于其社会身份的，我们在追求社会身份认同之前首先要认识到我们是"生态人"(黄国文 2016b)，寻求生态身份认同，在维护生态平衡的前提下追求社会地位的提升。在生态话语分析中，分析者要关注的不仅仅有人类的生态身份，还有非人类生命体的生态身份以及两者间的相互关系。与社会身份相同，生态身份是相对而言的。如果将人类的生态身份构建为生态系统的中心、主宰者，那么其他非人类生命体的生态身份就会边缘化，成为被主宰者。相对地，如果将人类的生态身份构建为生态系统的子系统，与其他非人类生命体平等，那么两者就是相互影响、相互制约的关系。图 9 (见下页)展示了这两种生态身份的区别，左边是以人类为中心的生态身份构建，右边是平等关系的生态身份构建。

如果人类处于生态系统的中心，人类高于生态系统其他组成部分。这个"高"不仅是地位高、重要性高，也指能力高，所以人类能够使用资源和"利用"其他动物来满足自身需求。但也正是由于人类的地位高和能力高，人类也可以创造新能源、保护动物、修复环境。也就是说，由人的地位和能力所引导的行为既可能对生态系统产生破坏性影响，也可能是有益于生态系统的，而这些都受制于人的生态哲学观、生态伦理道德、生态价值观，以及当地的法律法规等。当人们认识到人类处于与

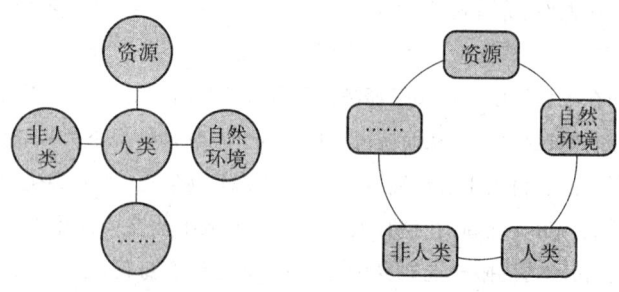

图 9　不同类型生态身份构建

其他生命同等地位时,就会清楚各种生命体之间存在相互制约关系,而人类对自然环境的破坏和对其他生命的伤害也会反作用到自身。也就是说,人与自然环境以及非人类生命体之间是一荣俱荣、一损俱损的关系,生态系统中的各个成分构成了一个命运共同体。也正是基于此,人类对生态问题的关注日益提高。亨利·大卫·梭罗(Henry David Thoreau)是19世纪美国自然主义者、现代环保思想的奠基人,他所寻求的人的生态位就是人与自然、与其他万物平等共存的生态身份。这一溯源于文学的思想对生态语言学也有很大的指引作用。

上述有关人类的生态身份和非人类生命体的生态身份是概括性的。在进行生态话语分析时,分析者可以根据需要进一步发掘这两者的生态身份以及相互关系。这就需要分析者从语言的角度展示生态身份是如何构建的,这样构建的目的是什么,是否与人类的社会身份产生冲突,并进一步思考如何调节冲突。

52

语言的生态因素和非生态因素是什么?

生态语言学将语言视为生态系统的一部分,着重研究语言与环境的关系。鉴于生态语言学分为隐喻和非隐喻两种研究模式,语言的生态因素和非生态因素研究也分为隐喻和非隐喻两类。语言的生态因素和非生态因素的隐喻研究主要指英语扩张对世界上其他语言的影响,非隐喻研究主要指语言与自然环境和生态系统的其他成分之间的互动和牵制。在隐喻模式下对语言的生态和非生态因素研究历史更久、成果更多。作为系统生态语言学的奠基人,韩礼德在《意义表达的新路径:对应用语言学的挑战》(Halliday 1990/2001)一文中提出了英语的非生态因素,有增长主义、等级主义、消费主义(consumerism)和物种主义(specism)等(见问题61)。周文娟(2012c)提出的英语的宏观领域和微观领域的非生态性及其溯源实际上就是在英语的隐喻研究和非隐喻研究两种模式下展开的。

从非隐喻视角识别语言的生态因素和非生态因素是一个庞大艰巨的工程。就研究路径而言,可以从两个层面展开,即生态话语分析层面和话语的生态分析层面。在问题21我们已经阐述了对生态话语的分析和对话语的生态分析的区别和联系:两者都可以用来发掘语言中的生态因素和非生态因素,不过前者限于生态类文本,而后者则将研究范围扩展到所有类型的文本。如何进行语言的生态因素和非生态因素研究,目前生态语言学界尚未给出一个明确的指引,但是从话语分析的角度出发不失为一个比较有效的起点。

通过分析话语的方式探索语言的生态因素和非生态因素是一种自

下而上的视角,分析者可以选择从生态文本出发,再逐步扩展到其他类型的文本。生态文本最直接、最集中展示了语言的生态性,而其他类型的文本可能需要分析者更深度的挖掘。不过,话语的生态分析也更有可能发掘到除了增长主义、等级主义和物种主义以外的非生态因素。从另一个角度看,分析者还可以采取自上而下的视角,从语言系统出发,将发现的生态因素和非生态因素应用到话语分析中进行检验。由于这两个视角的不同,所使用的语料和采取的研究方法也不同。通过生态话语分析自下而上总结语言生态性的视角是具体的、示例的,是一个从示例到系统的系统化过程,常见的语料是文本,采用的研究方法是对文本案例的定性分析。而自上而下的视角则是概观的、系统的,是一个从系统到示例的示例化过程,常见的语料是文本和语料库,采用的研究方法是定性研究和定量研究。在第二种研究视角下,语料库的角色十分重要,它可以为分析者提供广泛的语料资源,并可以检验研究结论,从而增强研究的合理性和有效性。

我们认为,研究语言的生态性可以从三个方面入手:(1)发现更多的生态因素和非生态因素,而不是局限在韩礼德提出的增长主义、等级主义、消费主义和物种主义等;(2)从历时的角度展开研究,了解语言的生态性如何随着时代和环境的变迁发生变化;(3)展开除英语以外的语言生态性研究,因为目前对语言生态性的非隐喻研究几乎都集中在英语;也可以进行对比分析,例如英汉对比研究。

53

挖掘不同语境下的"故事"的方法是什么？

在问题41中，我们介绍了有关"故事"的三方面内容：（1）什么是"故事"；（2）工业化时期的"故事"是什么；（3）当前中国"故事"的表现。我们之所以强调"故事"，是因为我们信奉和践行的故事是某种文化中众人的一些理念、做法和习惯。这些思想和言行受意识形态、价值观、伦理标准、判断力和认知力影响，左右我们的生活。换句话说，"故事"代表了一个时期一个地区大部分人对现实的认知结构，直接影响我们的所思所想和一言一行。作为生态语言学研究者，在进行生态话语分析时，不仅要揭示现有的"故事"，还需要对不同时期的"故事"进行对比，并且在此二者基础上构建有利于生态系统和谐发展的新的"故事"。这是生态语言学学者在探讨有关"故事"的内容时可以着手的三个方面。

要全面地了解"故事"，分析者首先要考虑的是语境。语境在任何语言研究中都是基石，是核心要素。语言研究者需要将时间、空间、体制等背景信息考虑在内，以动态的视角观察语言特征及其发展。在生态语言学研究中，这种动态变化体现得尤为明显。影响分析者对话语性质做出判断的生态伦理、生态哲学观和生态价值观都与分析者的出生成长环境、受教育程度、所处的经济社会制度以及特定的文化传统有密切关系。我们已经强调过，个人特定的生态哲学观即使在形成后，也可能因为自身经历和环境的改变而有所变化。生态伦理也是一样，随着社会环境和时代的变迁，曾经为伦理所接受的东西现在可能会被质疑，而曾经不被接受的东西现在可能已广为认可。同理，人们的生态价值观也可能随着社会经济发展阶段和生态现实的变化而改变。"故事"受意识形态、价值观、伦理标准和生态哲学观变化的影响,在不同时期和不同区域也会呈现出不同的特点。也就是说,西方国家的"故事"并不一定是中国的"故事",不一定会在中国发生,而工业时期的"故事"也不再适合从工业文明到生态文明的过渡期。

其次,为了发掘"故事",研究的语料不能局限在生态领域,而是需要扩展至各个对生态有可能产生影响的领域,例如经济、政策、法律、社会等等。虽然"故事"是斯提比在生态语言学的框架下提出的,但是"故事"的内涵却延伸至生态系统和人类社会的方方面面,例如日常生活、科技研究、政策制定、资源利用、与非人类成分的关系等。将语料局限在生态类语篇无法为研究者提供全面的信息。由此可见,从对生态话语的分析走向对各种类型的话语的生态分析是必要的。

最后,"故事"与生态话语类型一样,也可以分为有利于生态系统和谐发展的有益性"故事",不利于生态和谐发展的破坏性"故事"以及难以确定或两者(有益性和破坏性)兼有的中性"故事"。分析者除了要发掘"故事",辨别"故事"的性质之外,还可以尝试总结那些有益的"故事",为人们的思想和行为提供参考。但是,对"故事"的判断不是一成不变的:对于某些"故事",即便是同一个分析者也可能从一个角度看是好的、有益的,但从另一个角度看却是破坏性的。

54

什么是生态人?

随着生态问题(例如大气污染、全球变暖等)的不断加剧以及社会发展阶段的变化(从工业文明向生态文明过渡),很多学者都意识到,要从根本上解决生态问题,就需要培养生态人(如张国壮 2010;杜吉泽、李维香 2005, 2010;曾建平、黄以胜 2013)。在生态语言学中,"生态人"这个概念是黄国文在《外语教学与研究的生态化取向》(黄国文 2016b)一文中首次提出的。随后,不少中国的生态语言学学者也在多处谈到培养生态人的问题。周文娟和黄国文(Zhou & Huang 2017)从伦理角度解释了"生态人"的内涵,认为生态人应该有所为、有所不为,是一种"无为"的生态良知观。何伟、魏榕(2018b)提出,构建"多元和谐、交互共生"的生态哲学观有助于人们成为具有生态意识的生态人。周文娟(2018a)在对国际语境下生态语言学的儒学范式进行分类时,将生态人列为语言行事论范畴,强调生态良知,注重行为对自然和社会的影响。语言行事与语言责任共同将语言研究付诸实践,实现"知行合一"。具体可以解释为:语言学家利用自己的生态语言学知识(即"知")进行生态语言学研究,同时他们以生态人为定位指导自身和人们的思想行为(即"行")。除此之外,黄国文、陈旸(2016b),周文娟(2017),李美霞、沈维(2017),谭晓春(2018b)等都对生态人提出了一些看法。

要全面地了解什么是生态人,首先要清楚生态人与经济人(homo economicus)、社会人(social man)的区别。生态人、经济人和社会人三者的关系可以这样描述:生态人和社会人与经济人相对;生态人包含社会人，或者说，社会人是生态人的过渡。图10可以更清楚地展示它们之间的关系。

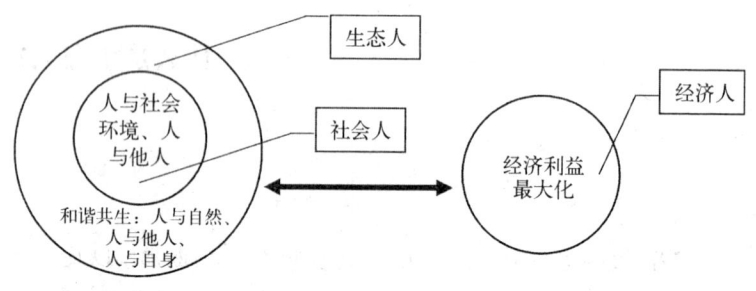

图10 "生态人""社会人"和"经济人"的关系

社会人由行为科学的奠基人乔治·埃尔顿·梅奥（George Elton Mayo）等人依据霍桑实验（Hawthorne studies）的结果提出。其概念核心是：社会人并不强调物质利益，而是注重人与所处的社会环境和他人之间的关系，从而获得社会认可。经济人处于社会人的对立面；经济人为了追求物质利益最大化可以不择手段，忽略其他可能产生的问题，如个人、社会、经济与自然环境关系的恶化等。因此，相比经济人的经济至上的原则，社会人会考虑其所处的社会文化环境，在追求物质利益的同时还追求社交、情感、自尊等。但不可否认的是，社会人也有可能在实现自己社会身份、获取社会地位和认可的时候扭曲社会人的真正内涵，转而通过经济手段来实现这一切。这个时候，社会人可能转向经济人。但是按照生态人、社会人和经济人本身的指向来说，社会人更贴近生态人，它可以被视为生态人的一部分，或者说被期望发展成为生态人。生态人不仅要处理好人与社会环境以及与他人的关系，还要特别关注自然环境和生态系统的其他成分。培养生态人并非形势所迫或者权宜之策，而是保证人类生存和生态系统平衡的根本。

生态语言学提出的生态人源于中国道家"天人合一"的哲学思想，强调人与自然的和谐统一。老子所说的"道生一，一生二，二生三，三生万物"是说世间万物都源自"道"；人与世间万物一样，也源自道，所以人与自然是共存统一的。生态人具备以下四个要素：(1)生态人既有社会属性也有自然属性,融社会、自然、他人和语言于一体;(2)生态人具有强烈的生态意识,并将这一意识融入生活,指导自己的行为;(3)在人与自然和谐共生的视角下,生态人遵循"思,以生态为本;行,以生态为道"的原则;(4)生态人具有自己的生态身份和生态定位,是生态系统的重要参与者,需要担负起相应的责任。

当前,生态问题已经成为全球问题,如果再将人的培养等同于经济人的培养,终有一天我们可能会失去我们的同伴(不管是人类同伴还是非人类同伴)、失去自然、失去自我。而社会人仅仅关注人与人之间的关系,也无法解决我们面临的生态危机。黄国文明确指出生态人所具备的特点是：

> 敬畏自然、善待环境、懂得感恩、关怀生命,具有强烈的整体意识和思维方式,追求人与自然的共生,也追求人与他人、与自身的和谐,关注的是生态生存、生态创造、生态文明、生态社会、和谐社会,对生态文明充满憧憬,愿意为生态文明贡献自己(黄国文 2016b：10)。

可见,生态人是一个更符合人类本质、更适应可持续发展的设定。以上所陈述的生态人的特点不仅展现了生态人与社会人和经济人的区别,还为生态语言学的教育视角提供了启示,见问题55。

55

如何开展生态教育、提高生态学习能力?

生态语言学不应该只停留在对语言与生态环境关系的研究上,还需要将研究成果应用于生态教育领域,培养生态人,真正实现将理论研究与实践活动相结合。

生态教育有两个不同的研究范畴。与生态语言学研究分为隐喻研究和非隐喻研究类似,生态教育也分为隐喻和非隐喻两大类。

(1) 生态教育的隐喻研究

隐喻的生态教育(也称"教育生态")主要关注两个方面,一个是广义的区域教育,另一个是狭义的具体的教学行为。广义的教育生态主要探索教育与其大环境的关系,研究内容包括不同实体区域教育(如城镇、乡村、偏远地区等)、新媒体时代教育(如网络、技术等)、教育系统的构建、不同层面的教育环境(如小学、中学、职校、大学)、教育环境的软性影响因子(如家长的婚姻状况、收入、受教育情况、个人情绪等)。换句话说,教育的生态研究就是探索在不同的环境下培养不同类型的人,以及如何培养这类人的问题。

狭义的教育生态从生态的视角讨论教学与研究的问题,例如各个教学参与者在教学这一生态环境中的角色、参与者之间的相互关系、参与者与环境的关系等等,这些都会影响教学内容、课堂组织、教学评价、师生/学生间的互动和课程体系建设。具体来说,教育生态要考虑教学研究中的生态环境,包括教师(个人因素,如人生观、学历、经验、年龄等)、学生(包括学习动机、年龄、班级大小、家庭背景等)、教学条件、时间分配等等。过去的十几年里,国外多位著名的应用语言学家从生态的视角研究语言学习和语言教育问题,给教育教学工作者带来了一股新鲜的空气,为研究者和教学实践者采用生态的视角探讨语言教学与研究提供了参考;引用比较多的论著包括 Van Lier(2002,2004)、Kramsch(2002,2008)、Leather & Van Dam(2003)、Tudor(2003)和 Kramsch & Steffensen(2008)。同样,国内也有学者从生态的角度开展教学研究,比较受关注的有顾曰国(2005),刘森林(2008),康淑敏(2012),王姝丽(2012),秦丽莉、戴炜栋(2013),刘芹(2014),王林海、张晴、马兰(2014),彭剑娥(2015),黄国文(2016b),雷丹(2016)等。

(2)生态教育的非隐喻研究

非隐喻的生态教育不仅针对包括社会系统在内的生态系统的可持续发展问题,还直面人们为追求经济利益而扭曲的价值观以及不断退让妥协的生态伦理道德。不同于普通的知识性传授,非隐喻生态教育试图从人的思想意识层面扭转对人与自然、人与他人、人与其他生物以及人与自身内在关系的认知,是一种终身的、终极的教育理念。

生态语言学的生态教育至少包括教育目标、教育意义、教育层面、教育方法和教育内容五个部分。

① 生态教育的目标。生态教育旨在使人们从生态语言学角度了解人、自然、社会、自身和语言之间的相互关系,培养具有强烈生态意识和生态伦理、能够将事实判断和价值判断和谐统一的生态人,从而推进可持续发展和生态文明社会的创建。

② 生态教育的意义。生态教育最重要的一个意义是增强生态意识。相对罚款、监禁等强制保障性措施来说,进行生态教育、培养生态素养(见问题56)、引导生态行为才是实现生态文明的根本途径。其次,生态教育的开展状况是衡量一个国家文明程度的标志之一,也是衡量人民生活质量的标准之一。目前世界上一些生态教育的先驱国家,如美国、俄罗斯、南非、英国和德国等已经开展了卓有成效的生态教育,取得了令人满意的成绩,它们的生态环境逐步得到改善。然而,在一些忽视生态教育的国家和地区,人们缺乏生态意识,对身份的认同还停留在"经济人"层面,导致生态环境持续恶化,人们的生活环境也越来越

差。中国的生态教育正在加速前行,除了大量涌现的与生态有关的学科外,还有面向公众的教育。例如,电影《朋友》和《我们诞生在中国》以及纪录片《野性的呼唤》都是讲述野生动物之间、野生动物与人类及自然界和谐共处的故事,在中国引起了广泛关注,引发大众有关生态和环保问题的热议。第三,生态教育为建设生态文明、实现可持续发展提供精神资源。也许有人会质疑:精神资源是虚无缥缈的东西,只有通过科学技术改善生态环境才是实在的。我们想要通过一个例子来说明精神、物质及其实用性的关系。历史学家陈春声在2015年接受中山大学前校长黄达人教授的采访时,对人文学科的"有用"(重要)与"无用"(不重要)问题打了一个比方。他说,一个家里最有用的地方是厕所和厨房,最没有实用价值的可能是墙上挂着的那幅齐白石画的虾,但是家里有客人来了,你不会带他去参观厕所和厨房;大家坐在客厅评头论足讨论得最起劲的,恐怕还是齐白石画的虾,这就是人文学科。虽然这是就人文学科的实用性做出的评论,但是也适用于生态教育作为生态文明建设的精神资源的解释。只有教育,才能够真正扭转人们的意识。

③ 生态教育的对象(范围)。原则上来说,生态教育与每个人都息息相关,应该属于全民教育,可以上至社会的决策者、管理层,下到各行各业的从业人员以及各阶段的学生。不过,要实现全民普及不可能一蹴而就,这是一个漫长的过程,我们应该以对学生的生态教育作为起点。

④ 生态教育的方法。传统的教育都局限在课堂教育,但是既然生态语言学是一门开放的学科,囊括人、语言、自然和其他生态成分,那么比较好的教育方法是多管齐下,除了课堂教育,还可以通过会议、宣传、实地体验、大众参与讨论和社会实践等方式展开,增加人们与生态环境的融入感和互动感。

⑤ 生态教育的内容。我们在本书一开始就已经阐释了生态语言学的跨学科属性,也就是说,生态语言学除了涉及生态学和语言学的知识外,还吸收生态伦理学、生态哲学、生态文学、生态美学等学科的内容。理想的生态教育是可以包含这些方方面面的。生态语言学教育的

一个重点是培养和提高人们的生态素养,即了解语言如何影响和构建生态现实,发展生态学习能力从而了解语言背后隐藏的意图和动因,进行生态表达和生态审视,提升生态自觉。我们可以在学校中开设生态语言学课程来传递生态语言学的理论知识。

总之,非隐喻的生态教育是一种顺应人性、顺应社会、顺应自然的教育。它作为基石可以提高人们的生态意识,与科技、经济、政策和法律法规一起,推动生态文明建设顺利展开。它们之间的关系可以由下图表示:

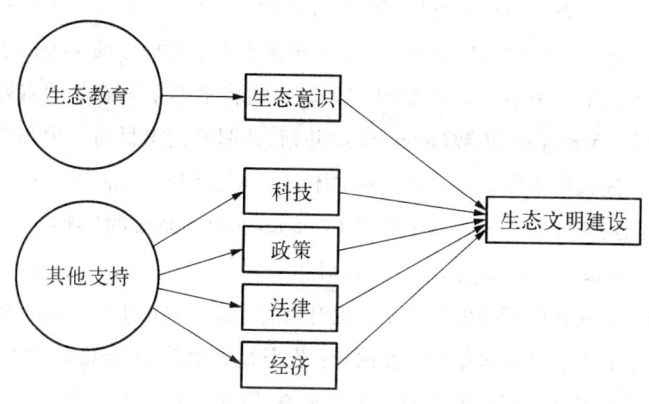

图11　生态教育与生态文明建设

什么是生态素养?

提高生态素养是生态教育的重要内容,也是生态语言学研究所期望达到的主要目的和任务之一。最早提出生态素养理论的是美国生态教育家大卫·奥尔(David Orr)(1992)。他将培养生态素养的重要性与识字(literacy)和识数(numeracy)并列,并明确指出目前对生态素养的重视还远远不够。但对从人的主体意识角度解决生态问题的探索可以追溯到1968年查尔斯·罗斯(Charles Roth)提出的"环境素养"(environmental literacy)。在中国,对相关问题的讨论始于21世纪,重点研究如何在中国的发展背景下提升人的生态素养(如余正荣2008)。

生态素养主要包括四方面内容:生态知识素养、生态伦理素养、生态情感素养和生态行为素养。简单来说,培养生态素养就是要唤醒人的生态意识,加深人们对生态危机的认识,促使人自主学习生态知识。在生态语言学中,对语言的分析有助于传递生态知识,引导人的生态伦理,唤醒人的生态情感,指导人的生态行为。

要培养人的生态素养,首先要使人了解有关生态的基本知识。相较生态学或者语言学,生态语言学的一个优势是不仅可以帮助人学习到生态相关知识,还可以通过分析语言,实现对语篇所传递的生态信息的自主判断,并可以进一步帮助人们学习如何利用语言表达生态思想、生态哲学观和生态价值观。也就是说,生态语言学在传递有关生态的基本知识这一方面不仅授人以"鱼",还授人以"渔"。

其次,培养人的生态素养还要关注对生态伦理的培养。在问题48中,我们已经介绍了何谓生态伦理、生态伦理的特点及其在生态话语分析中的作用。生态伦理可以触动人的危机意识,使人从道德上、伦理上自发地关注生态问题,了解并承认人对生态系统的破坏,在遭遇生态问题时做出符合生态伦理、有益于生态系统健康发展的决定和行为。

第三,培养人的生态素养还需要进行生态情感培养。奥尔认为培养人的生态素养的原动力是"神奇感"(the sense of wonder)。神奇感引发人发现地球奥秘的喜悦感、亲切感和归属感,是人与地球形成亲情的纽带。培养这些情感的最好方法是让人走进自然,与自然直接接触。但是由于时间和空间的限制,许多人无法接触到最广意义(或真正意义)上的自然,但是我们至少可以通过走进特有的城市设计(例如城市森林公园、绿化带等),实现与人工化自然的互动。

最后,我们还须在传授生态知识以及培养生态伦理和生态情感的基础上,将提升生态素养最终落实到对生态行为的引导,这可以看作是从思想到行动的落实。我们要引导正确的生态行为,致力于解决生态问题,促使生态系统向积极的方向发展。

生态素养涉及人类自身、人与社会、人与自然的可持续关系。培养生态素养需要政府引导、学校推进、社会扶持和监督、家庭熏陶以及个人践行(见赵唱、薛勇民 2017),需要多方面的共同努力。

什么是生态语言学

系统功能语言学视域下的生态语言学研究

系统功能语言学与生态语言学有何渊源?

系统功能语言学与生态语言学有着深厚的渊源,主要表现在两个方面:传统经典研究模式的提出和系统功能语言学学者对生态语言学的关注。

生态语言学的非隐喻模式源于系统功能语言学创始人韩礼德。韩礼德(Halliday 1990)首次提出对生态问题的见解以及他对语言生态性的研究都是以系统功能语言学为框架的,所以生态语言学的非隐喻模式一"出生"就打上了系统功能语言学的烙印。之后,不少系统功能语言学者也都表达了对生态问题关注,例如格特力(Goatly 1996,2014)、麦蒂森(Matthiessen 2009)、马丁(Martin 1986)、巴特勒(Bartlett 2012, 2018)等。在中国语境下做出突出贡献的知名系统功能语言学者是黄国文。近年来,黄国文在国内外大力倡导生态语言学,在多个场合下都正式表明了自己作为生态语言学研究者兼系统功能语言学学者的身份,他所提出的和谐话语分析也明确以系统功能语言学作为理论指导。

因此,生态语言学与系统功能语言学的关系可以追溯到生态语言学非隐喻模式的提出者和继承者与生态语言学研究的关系,它们之间更多的渊源会在后面的问题中进一步解释。这里需要强调的是,系统功能语言学并不是生态语言学唯一可以借用的研究框架。正如我们在前面所讲到的,基于生态语言学的开放性和跨学科性,认知语言学、心理语言学、社会语言学等都可以实现与它的融会贯通。

58

为什么系统功能语言学可以作为生态批评话语分析的框架？

系统功能语言学作为生态批评话语分析框架的可能性源于系统功能语言学与批评话语分析的关系。在批评话语分析中，分析者广泛应用系统功能语言学中意义与形式、语境、语言元功能和语言的"干预"功能等思想展开分析。以系统功能语言学为框架的语篇分析在揭示语篇的意识形态和价值观方面有重要的作用，与批评话语分析紧密相连（Wodak 2011：41-42；Alba-Juez 2009：236），为批评话语分析研究语篇背后的意识形态和权势关系指明了方向（Flowerdew 2008：198）。

由于语篇分析要根据文化语境、情景语境和上下文语境展开，故它所做出的分析和解释就会考察隐藏在语篇背后的意识形态。系统功能语言学的这种语篇分析方法为批评话语分析理论的起源——批评语言学（Fowler 1991，1996）带来启发。有很多研究批评话语分析的学者都承认系统功能语言学理论对他们的影响（Flowerdew 2008：198），如福勒（Fowler 1991：156）明确说过系统功能语言学对他的帮助：

> 鉴于价值这么彻底地隐含于人们的语言用法之中，我们有理由建立并实践一种趋向于理解这种价值的语言学……韩礼德的系统功能语言学特别适合于把结构与交际功能联系起来，所以他为我的描述提供了工具……（见何远秀 2016：52）。

我们同样可以利用系统功能语言学进行生态批评话语分析,从而揭示语言与生态的关系以及语篇所隐含的生态哲学观和生态价值观。国内外有不少学者采用韩礼德的系统功能语言学理论,通过分析话语的及物系统、情态系统和评价体系等,践行了在系统功能语言学框架下的生态批评话语研究。国外的代表有格特力(Goatly 1996),贝德纳雷克和凯普(Bednarek & Caple 2010),斯提比(Stibbe 2001, 2015)等;国内的主要代表有陈瑜敏(Chen 2014),赵蕊华(2016),黄国文、陈旸(2017),何伟、张瑞杰(2017),杨阳(2018),等等。

系统功能语言学可以作为生态批评话语分析的框架主要有以下三个原因:

首先,系统功能语言学既是普通语言学又是适用语言学。作为普通语言学,系统功能语言学旨在实现对语言的共性问题做出普遍描写,它通过考察、研究、揭示和解释语言现象找出语言共同的潜在规则。作为适用语言学,系统功能语言学是一个以问题为导向的理论(Halliday 2009:61),用于解决与语言相关的问题。在当前的时代背景下,生态问题就是一个突出的亟待解决的问题。

系统功能语言学可以作为生态批评话语分析框架的第二个原因是韩礼德对语言与客观世界关系的解释。语言不仅反映客观世界,并且主动构建客观世界,是一个对客观世界的识解过程(Halliday 1995/2006:13)。一方面,语言反映世界上已经发生了什么、正在发生什么和将会发生什么。因此,通过对生态话语的分析可以揭示目前的生态问题及其历史演变。另一方面,语言构建世界上的事物和事件,反作用于人的意识和行为。因此,语言会影响甚至塑造人们对生态构成和生态问题的认知并引导其行为。如果语言是生态的,则可以引导有益性行为;如果语言是非生态的,则可能导致破坏性行为。

系统功能语言学的意义(semiotic)观是它可以作为生态批评话语分析框架的第三个原因。生态批评话语分析的核心是,通过分析语言,展示生态问题并揭示说话者的生态哲学观。这一分析过程是一个将客观世界中的事物和事件、人的意识以及语言相链接的过程。那么,这一过程是如何实现的? 系统功能语言学的意义观为我们提供了答案。意义观将语言看作一个意义系统,这个意义系统"翻译"了世界上的其他意义系统(Halliday & Matthiessen 1999)。系统功能意义观的一个重要概念是层次(stratification)。语言系统至少包含了三个层次,即语义层、词汇语法层和发音/书写层;其中,只有词汇语法层是纯语言内部的,而语义层和发音/书写层都与外部世界相联系。语义层体现了文化语境和情景语境的选择,是外部世界向语言系统内部输入的界面。语义的选择又体现在对词汇语法的选择上;词汇和语法位于一个示例连续统上,是看待同一事物的不同角度。体现在词汇语法层上的语义选择最后体现在发音/书写层上,这是另一个与外部联系的界面,它将语言所内化的内容向外输出,从而影响人们对事物的看法。经过这样的两个实现循环(realization cycle)过程,意义系统最终成功地将客观事物和事件、意识及语言这三者有机地结合在一起。

基于上述三个原因,我们认为系统功能语言学可以为生态批评话语分析提供一个科学的、行之有效的框架。

指导生态话语分析的系统功能语言学核心思想有哪些?

系统功能语言学中很多思想都对生态语言学,特别是生态话语分析产生重要影响,可以用作理论指导。其中,比较核心的有系统类型说、语境和三大元功能的思想。

(1) 系统类型说

辛志英、黄国文(2013)已经讨论过韩礼德和麦蒂森(Halliday & Matthiessen 1999)的系统类型说对生态话语分析的影响。系统类型说集中体现了语言研究的整体性、系统性和进化性。系统分为物理系统、生物系统、社会系统和意义系统,它们的复杂性依次递增。以物理系统作为基础,生物系统可以表示为"[物理系统+生命]",社会系统可以表示为"[生物系统+价值]",意义系统可以表现为"[社会系统+意义]"。语言属于意义系统,它同时具有意义、价值和生命的属性,因此,其他系统的进化势必会影响语言发展,而语言对现实的构建又势必影响人类的认知以及其他系统。举一个简单的例子,过去我们认为,要获取财富就必须开发利用各种资源,忽视了环境恶化、资源匮乏、物种濒危等生态问题。而现在时代和形势都发生了变化,中国倡导的"绿水青山就是金山银山"将经济发展与生态保护结合起来,通过语言(科学论断类型的识别类关系过程)重塑这两个概念在头脑中的认知,重新定位经济发展、生态保护以及它们间的相互关系,从而树立正确的生态观,形成生态自觉。

(2) 语境

语境突出体现了语言研究生态学化的整体性和选择性。受马林诺夫斯基和弗斯的影响，韩礼德（Halliday 1978）将语境分为文化语境、情景语境和上下文语境。文化语境是整体的（holistic），包括语言发生的历史背景、文化传统和社会环境。情景语境是功能的（functional），主要指话语发生的具体环境，包括语场、语旨和语式。文化语境和情景语境超越了语言系统，而上下文语境则在语篇层面通过对语言的选择反映文化语境和情景语境的选择。生态话语分析要考虑社会发展阶段、历史文化传统、风俗习惯、社会价值取向等问题，了解具体的语言发生情景，厘清语言构建这些因素的脉络，形成生态话语分析完整的、科学的方法，以便顺利开展生态语言学研究。由此可见语境理论与生态话语分析的要素是契合的。这也是我们（黄国文 2016b）提出和谐话语分析的基础和初衷。

(3) 三大元功能

韩礼德提出的语言的概念功能、人际功能和语篇功能是具有普遍性的三大元功能，被广泛应用于话语分析中。在小句层面，概念功能中的经验功能展示的是世界上（包括客观世界和内心世界）正在发生什么，主要体现在及物系统中。人际功能展示的是人与人之间的交际互动，主要体现在语气系统和情态系统中。马丁提出的评价体系也是人际功能的组成部分。通过对生态话语中这两个功能的探索，可以了解生态现实以及人们对生态现实的态度、立场和观点。语篇功能反映了语篇是如何组织谋划的、是如何传递经验功能和人际功能这些信息的，它主要体现在主位系统和信息系统中。

影响生态语言学研究的系统功能思想并非局限于以上三个，研究者还可以借用系统功能的其他思想从多个方面进行探讨，例如文化、词汇、语法、情景以及模态等等。而研究的核心就是：语言如何影响环境（Halliday 2007：14），研究的视角是整体的、系统的、选择的和进化的。

60

韩礼德的研究与马克思主义语言学有什么关系？

韩礼德多次谈到，他早年开始语言学学习和研究时，跟同伴试图寻找和发展的就是"马克思主义语言学"（Marxist linguistics）（Halliday 1993/2007：223）。他明确表示，他的研究是以马克思主义的语言观和方法论作为指导的（韩礼德、何远秀、杨炳钧 2015：1）。韩礼德在谈到他的马克思主义语言观时说："作为一名语言学家，我希望自己能为改善人类的状况尽一份绵薄之力。这就是我为什么把系统功能语言学理论叫作'适用'语言学的原因。"（Martin 2013；Halliday 2015）。韩礼德解释了他称系统功能语言学为适用语言学的原因：语言学家不仅仅要研究语言现象，还要承担起社会责任，解决现实中与语言相关的问题，通过语言研究为人类和世界向更好的方向发展做出一份贡献。因此，韩礼德关注生态语言问题与他是个马克思主义语言学家这一事实密不可分。研究生态问题是将理论联系实际、解决实际问题的表现，是语言学家有社会担当的表现，这正是马克思主义语言观的精要。

韩礼德穷其毕生精力探讨的是"在政治语境中研究语言"（韩礼德、何远秀、杨炳钧 2015；何远秀、杨炳钧 2014；何远秀 2016）。在政治语境中研究语言有两层含义：第一层含义是将语言置于语境中，结合语境研究语言的特征、本质及其所传递的意义；另一层含义是将语言看作政治活动的工具，将其置于政治语境下的社会实践中，把语言学当作一种干预方式，对社会实践进行审视和批评，突出语言学家的社会责任（黄国文、文秋芳 2018：12）。简而言之，语言研究要理论联系实际，将语言研究置于语境中,并将语言研究用于社会,解决问题,影响人们的思想和行为。这一语言学的理论联系实践论在韩礼德看来是"一种实践语言观"(a practical view of language),是"马克思主义语言观的核心内容"(韩礼德、何远秀、杨炳钧 2015:3)。

61

韩礼德的生态语言学思想有哪些?

韩礼德在多篇文章中谈到语言的生态问题,但直接说到生态语言学的主要有两次(Halliday 1990/2001, 2007)。其中,他在《意义表达的新方法:挑战应用语言学》(Halliday 1990/2001)一文中所阐释的语言的非生态现象为生态语言学研究者展示了如何在系统功能的视角下研究生态语境、生态语言以及生态语言的影响。这一路径被视为一种研究生态语言学的模式(Fill 2001),系统功能语言学者称之为"影响深远的作品"(Matthiessen 2009:37)。

韩礼德(Halliday 1990/2001)所批判的英语的非生态因素有增长主义、等级主义和消费主义等。增长主义指的是:人们在生活中总是认为多比少好,更多要比更少好,大比小好,增加比减少好。因此,为了增长经济、增加收入、提高生活水平、提高社会地位,人们总是在不遗余力地增加财富,无法接受经济放缓、收入减少、生活水平降低、社会影响力减弱。所以,我们会问"你有多高""你跑得有多快""经济发展有多快",而不会问"你有多矮""你跑得有多慢""经济发展有多慢"。后面的一系列问题隐藏了更多的含义,也许是开玩笑,也许是讽刺,或者是抱怨。等级主义指的是:人类优越于生态系统中其他物种和资源,因此很多人认为对资源的开发和对其他物种的掠杀都是理所当然的,这也是当前还有很多人仍然"心安理得"地破坏生态环境的原因之一。等级主义把事物分为人类现象与非人类现象、有意识与无意识,这实际上是人类中心主义的体现。韩礼德(Halliday 1990/2001:198)指出"增长主义和等级主义是我们意识形态上的两大危险,而意识形态是在语言中构建的"。消费主义指的是:消费不再局限在单纯的物质层面,而是上升到精神层面的满足;换句话说,消费已经成为自我满足和追求快乐的行为。现在越来越多的非必需产品和产业出现,强调消费给人们带来的富足感和愉悦感,如在某购物网站上写的"越买越开心"。这在刺激消费、增加国民收入的同时也加剧了对生态环境的破坏和对资源的掠夺。

增长主义、等级主义和消费主义在语言中反映在以下三个方面,也就是韩礼德指出的英语的非生态现象。第一,自然资源用不可数名词或者集体名词来表达,传递了自然资源取之不尽、用之不竭的概念,刺激人们对经济增长和消费的不断追求。第二,人类与非人类的区别由代词 she/he 和 it 分别表达,将人类和非人类动物对立起来。人类是有意识、有语言能力的,而非人类动物则不具备这些,因此我们可以说 the girl/she/he thinks/likes/says,却很少见到 the cat/it thinks/likes/says(特殊情景除外,如电影、话剧、寓言等)。第三,人类与非人类动物的区别除了由人称代词反映外,还表现在语态使用的对立:人类是施事,而非人类动物是受事,传递了人类的主动性和控制性概念。总的来说,语言非生态性的一个重要表现是其二分视角,突出了人类与非人类动物的对立。但是,生态的语法应该是整体的、多元的、系统的,这也是我们所提到的被称为"新马克思主义哲学"的系统功能语言学原则。因此,系统功能语言学在本质上是生态的。

韩礼德(Halliday 2007)从语法入手探讨生态语言学问题,是基于这样的认识:现实并非事先存在的,而是人们构建的;在构建过程中,语言起着至关重要的作用。我们通过语言来描述我们认同的现实,而语言的表述强化甚至重塑我们对世界的认识。从系统功能语言学的理论建构看,意义和意义系统是核心部分。韩礼德所提出的系统生态语言学,反映的是意义发生学(semogenesis)的进化思想。语言是创造意义的资源,它的重要特征就是创造意义。意义存在于不同的语境中,对意义的选择受到各种语境因素的制约和影响,意义的发生过程就是选择性地创造意义的过程,包括有意识的选择和无意识的选择。韩礼德和麦蒂森(Halliday & Matthiessen 1999:17–18)在讨论意义发生时特别指出,至少有三个时间维度涉及意义发生过程,即种系发生学(phylogenesis)、个体发生学(ontogenesis)和语篇发生学(logogenesis),它们分别涉及人类语言的进化状况、个体语言的发展和语篇内部话语的展开表现。这三个时间维度可以用来解释系统生态语言学的工作机制和原理。

韩礼德的生态语言学思想为生态语言学研究者,特别是生态话语分析者指明了方向,成为后来许多生态语言研究的框架。辛志英、黄国文(2013),黄国文(2018c),苗兴伟、赵云(2018)都对韩礼德的系统功能语言学思想和生态语言学研究的关系进行了讨论,目的在于挖掘韩礼德理论对生态话语分析的影响和指导作用。

如何把系统功能语言学的理论更加有效地用于解决语言与生态问题,融合系统功能语言学和生态语言学,构建一个完整的系统生态语言学模式,这是摆在系统生态语言学研究者面前的重要任务。

62
什么是绿色语法？

绿色语法的"绿色"一词让人自然而然联想到生态（我们在问题44已经展现了生态语言学家的"绿色"标签）。正如现在我们经常提到的"绿色产业""绿色产品"一样，"绿色"表达的都是合乎生态发展的、有利于环境保护的含义。绿色语法是生态语言学的重要研究内容，它可以说是源自韩礼德，但不限于韩礼德的思想，是对其生态思想的继承和发展。

绿色语法是格特力在《绿色语法和语法隐喻，或语言与力量神话，或置我们于死地的隐喻》（Goatly 1996）中正式提出的。格特力在文章中提出了对传统语法的质疑，批判了传统语法对生态现实的不实（与事实相悖的）、不适（不合适的）和不尽（不完全的）描写，并在此基础上提倡使用名物化结构、语法隐喻和作格分析来实现"和谐"的语法，或者说协和语法（consonant grammar），摒弃传统的及物性分析。名物化结构和作格分析可以展现过程的多向性、多元性和交互性，避免传统分析的单向性和孤立性，更有利于解释现实中各个因素的相互关系和相互影响，使语言与生态实现一致。格特力提出的协和语法不仅仅是为了改革语言对生态现实的描写，同时也为分析者提供了一种研究的视角和方法。

其他探索绿色语法相关内容的代表研究有：班德格阿德和斯特芬森（Bundsgaard & Steffensen 2002）对绿色语法的解释，赫贝格尔（Heuberger 2007）对英语中人类中心主义和物种偏见主义的见解，斯塔莫和帕拉斯克沃普洛斯（Stamou & Paraskevopoulos 2008）以生态旅游为语境的批评话语分析，斯提比和祖尼诺（Stibbe & Zunino 2008）对生物多样性话语和社会构建的分析,以及亚历山大(Alexander 2009)从批评话语分析的角度对环境话语的架构,等等。在中国,首次介绍绿色语法的是王晋军(2006),随后有崔桂华、齐红英(2012),崔桂华(2016)等的进一步解释,近期有刘姝昕(2018)基于语料库的实证研究。

绿色语法强调以下三点:

(1)语言是生态系统的一部分,语言的使用对生态的影响和制约处处可见,这与人和生态系统中其他成分的关系一样。例如,人类过度捕杀的行为会造成野生动物数量急剧下降,而长期使用表示资源无穷尽的语言也会对人的行为造成潜移默化的影响。

(2)绿色语法研究有两个任务。它不仅对语言的非生态因素进行批判和揭露,还要寻求适合表达生态的语言,使语言和语法生态化,例如使用作格结构、名物化结构以及人和物都可以搭配的动词来消除施事和受事的区别,实现人与其他生态成分的融合。

(3)绿色语法以分析语言为手段,揭示"破坏环境的动因和机制"(Schleppegrell 1997),从而引起人们对语言和生态的关系的思考,提升人们的生态意识,实现人与自然的和谐共处。

63
使用分层模式进行生态话语分析的原因是什么?

生态话语分析的分层模式将话语置于语境中,从话语的意义、词汇语法甚至生态形态(音素、语素等)(Bundsgaard & Steffensen 2002)展开分析。采用分层模式进行生态话语分析主要出于三方面考虑:生态话语分析的目的、系统功能语言学的意义观和分层分析的优势。

生态话语分析(特别是生态批评话语分析)的主要目的是揭露语言中的非生态因素以及不利于生态和谐的生态哲学观,从而提升人们的生态意识,促使他们对生态问题做出反思和修正,帮助实现生态系统的平衡。虽然生态问题已经成为全球性问题,但是各个国家和地区所面临的问题并非完全相同,加上所处的不同地域、不同政治体制环境、不同经济发展阶段以及不同文化传统的影响等,语境可以说是进行生态话语分析时需要首要考虑的因素。语言作为生态系统的有机组成部分,一方面解释了不同语境下的生态现象、生态政策和生态发展可能,另一方面有助于发现产生生态问题的原因,原因可能涉及语言本身、经济、社会、文化等各个方面。

我们在讨论系统功能语言学思想对生态语言学研究的影响时提到了系统功能语言学的意义观(见问题58)。生态话语分析的分层模式要关注的是语言对其他意义的编码功能和不同层面(语境、语义和词汇语法)之间的实现关系。语言作为生态系统的有机组成部分,可以将其他意义编码到语言系统内部,反映了说话者对语言与其他意义的关系的认知。但是这个编码过程是有意识的选择,说话人可以根据语境的不同选择不同的语言手段来掩盖一些事情或者突出一些事情,以此达到相应的目的。

生态话语分析的分层模式可以为分析者提供一个比较全面的、整体的、系统化的视角。分析者可以采取自上而下的方式展开分析,也可以从相反的方向进行研究。不过,分析过程不能仅仅关注语言本身,而是必须要结合实际的语境(包括文化语境、情景语境和上下文语境),以实际问题为起点,通过语言研究解决实际问题。在这样的指引下,研究者可以实现一个"实践—理论—再实践—再理论"的科学研究过程。

64

如何进行生态话语分析的经验意义分析?

生态话语的经验意义分析有两种做法:一种是以系统功能语言学的及物系统作为手段开展对生态话语的分析,另一种是利用在系统功能语言学的及物系统基础之上发展而来的生态及物性分析系统展开研究。

第一种做法主要通过分析话语中各类小句的过程和参与者的特点来揭示生态系统中各成分(包括人类和非人类)的生态位、生态身份、生态参与度、对生态环境的影响等内容。这在语言中主要表现在以下几个方面:

第一,物质过程的施事多为人类,而受事多为非人类成分。例如,"human is restoring the environment"对于绝大部分人来说是符合日常认知的,但是如果说"animals are restoring the environment"就很有可能会引起质疑,认为这是夸大了非人类动物的能动性,几乎是不可能的。

第二,关系类过程反映并构建了人类与非人类有机体各自的地位,定义了两者之间的关系。例如,"wildlife is the friend of human"将野生动物的身份设立为人类的朋友,使人与野生动物形成友好关系,缩短两者的距离,向听话者传递这样一种信息:对于朋友,我们应该爱护、关照,因为伤害朋友不是一个有良知、有道德的人会做的。然而"wildlife is a threat to the crops"传递的信息则是:野生动物会毁坏庄稼,对人们的正常生产生活甚至是生命形成威胁,因此野生动物不是我们的朋友,而是敌人;为了保护自己,消灭敌人是合情合理的。这两个例子传递了明显相反的信息,定义了野生动物的不同地位以及与人类的关系,影响人们对野生动物的认知和情感,可能使人们做出完全不同的反应。

第三,心理过程和言语过程的感知者和说话者通常是人类。人类可以有意识地观察周围发生的事情、表达自身情感和见解、形成相应的认知模式,而这些在人看来是非人类动物无法实现的。因此,通常"watch""feel""say""think"这类动词的主语(感知者、说话者)是人,而不是非人类动物。

上述三个方面共同作用于对话语的分析。对非人类动物的"偏见"源于将非人类动物定位为没有思想和认知的被动参与者。基于这样的认识,非人类动物被构建成缺乏主动行为的生态成分,受人类支配。不过,及物性分析难免进入集中批判人类中心主义的领域,为了找到一个平衡点,分析者可以将作格分析与及物性分析结合起来,既可以进行对比研究又可以寻求两者统一,从而找到更协调、更适应生态语言发展的机制。

生态及物性分析是在系统功能语言学及物性理论的基础上发展和细化,针对生态话语分析而提出的及物性分析模式。何伟、魏榕(2017b)首次提出国际生态话语这一概念,解释了其构成和生态哲学观,并由此提出适合国际生态话语的及物性分析模式。该模式将参与者角色细化为生命体参与者和非生命体参与者;前者进一步区分为人类生命体参与者和非人类生命体参与者,后者进一步区分为物理性参与者和社会性参与者。对于过程类型,何伟和魏榕保留了系统功能语言学及物系统的六个过程类型,但基于"加的夫语法"(the Cardiff grammar)(Fawcett 2008),将物质过程改为"动作"过程,将言语过程改为"交流"过程,其他四个过程没有变化。根据这些过程对生态的影响,可以将它们分为有益性过程、中性过程和破坏性过程。此外,何伟、张瑞杰(2017)在构建生态话语分析模式时,结合生态场所观对系统功能语言学的及物系统进行了生态化延展和细化,其重点在于对施事的细分,包括个体施事、群体施事、物理性场所施事、社会性场所施事和人外生命体施事。

不论是直接将系统功能语言学的及物系统应用于生态话语分析，还是在生态视角下对及物系统的延展和细化，研究的关注点都是过程和参与者在话语中的地位和功能。在生态话语分析中，分析者要特别考虑话语产生的语境，将生态哲学观、生态伦理、生态价值观以及对过程和参与者的事实判断和价值判断一起加以考虑，还要认识到生态话语分类的不确定性。换句话说，对话语之生态有益性、中性和破坏性的判断不能只依赖及物性分析，还必须结合多个层面的因素进行综合考量。

65

生态话语的逻辑语义分析的关注点有哪些?

系统功能语言学的逻辑系统与经验系统共同组成了概念资源。逻辑系统描述的是小句与小句之间的相互依赖关系和逻辑语义关系。相互依赖关系分为并列型关系和从属型关系,而逻辑语义关系则分为扩展和投射两类。扩展进一步分为解释、延伸和增强,投射进一步分为报道、思想和事实。

在生态话语分析中,分析者的关注点可以置于以下两个方面:

首先,在扩展逻辑语义关系中对增强类关系的探索。韩礼德和麦蒂森(Halliday & Matthiessen 2004)将增强类逻辑语义关系分为时间、地点、比较、因果、目的、条件、方式等。其中,因果类和目的类关系可以揭示生态问题产生的原因及其影响、人类活动的目的及其影响、生态状况好转的原因、保护行动失败的原因和改进等,由此形成深层次的、环环相扣的生态因果链。条件类关系在一方面展示了改善生态环境的条件,另一方面也对某些生态保护行动、政策法令等留有余地、做出让步。方式类关系主要展现了人类破坏生态系统的途径、人类保护(修复)生态系统的方式等等。

其次,在投射逻辑语义关系中,最重要的是要区分投射的是报道、思想还是事实。胡壮麟在《功能语法导论》(Halliday & Matthiessen 2004)的导读中写道:"读者要区分'事实'不同于'报道'和'思想'的原因在于它不是语言使用者的有意识活动"。因此,在生态话语分析中,分析者需要区分所投射的内容对于生态来说是客观存在的事实,还是人的主观判断,抑或是借事实的外衣潜移默化地传达个人思想。这点与问题50中提到的事实判断和价值判断相联系。

66

如何进行生态话语分析的人际意义分析?

系统功能语言学的人际意义系统主要包含语气系统和情态系统,后来马丁提出的评价体系(框架)也是人际意义系统的一部分。与语言的经验功能不同的是,语言的人际功能除了构建事实发生外还传达了额外的信息,包括说话者的身份、地位、态度和动机等(李战子 2001:10),有助于展现生态话语对人们的指引性和约束性。这里,我们主要讨论语气系统和情态系统。生态视角下对评价体系的讨论可以参考何伟、张瑞杰(2017)以及张瑞杰、何伟(2018)。

根据说话人与听话人的相互关系和双方的交流内容,语气分为陈述语气、疑问语气和祈使语气三类。在生态话语分析中,通过对语气的分析我们尝试探讨以下三个问题:

第一,说话者的身份和地位对传递的信息量(volume)的影响。信息量是针对听话者的接收量而言,说话者所发出的信息量很多时候都无法全部传递给听话者。如果说话者是政府机构或者权威人士,那么其传播渠道更多、更广,受众面更大,听话人的信任度更高,从说话者到听话者的信息量流失较少。相反,如果说话者是普通个体,那么听话者对其可信度和权威性都会有所保留,接受的信息量就会流失更多。我们可以用图12(见下页)表示两者的不同。

第二,说话者的身份和地位对传递的信息的广度(coverage)(即信息面)的影响。如果说话人具有较高的权威和影响力,信息传递的范围较广;反之,信息传递的范围较窄。例如,如果是政府机构或者权威人士发出消息,那么从新媒体(如数字杂志、数字报纸、数字广播、手机、网

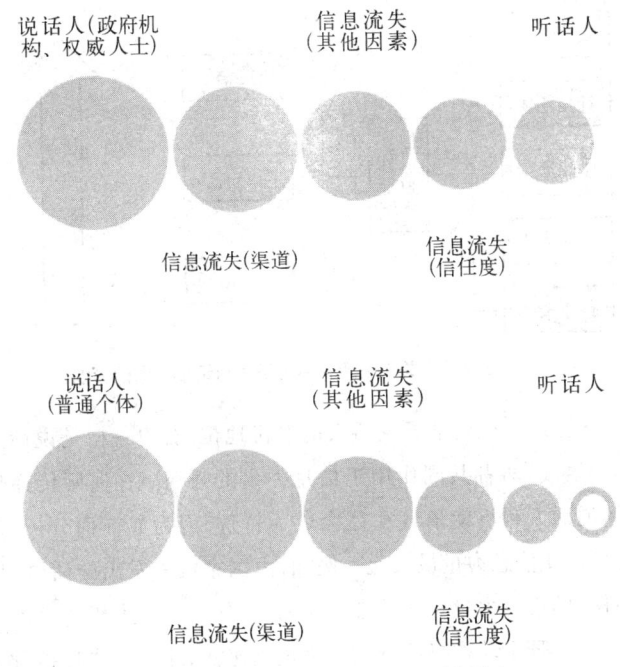

图12　交流双方关系对信息量传播的影响

络、触摸媒体等)到传统媒体(报刊、户外广告、广播、电视)都会广为宣传,所覆盖的读者面和听众面就大。相反,如果只是普通个人发出的消息,那么常见的传播渠道有博客、论坛或者个人交流工具,消息的覆盖面几乎局限在个人社交圈。

最后,说话者的身份、地位以及对语气的选择对传递的信息的力量(force)的影响(也可以说是信息的影响力)。如果说话人是政府、权威机构或者权威人士,同时采用的是祈使语气,那么所传递的信息的力量强大,具有较强的约束力;如果说话人是普通个体,采用的是疑问句,那么其信息的力量最弱,几乎没有什么约束力。说话者的话语力量由强到弱依次为:国家机关、社会团体、民间组织、个人(分为权威人士和普通个体),他们与3种语气类型交织产生15种不同程度的信息力量。

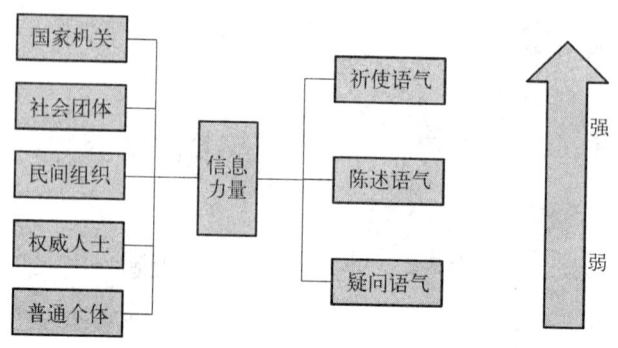

图 13　交流双方关系及所采用的语气对话语力量的影响

图 13 左边一栏列举了说话人的身份地位，右边一栏是说话人可以选择的语气，两者共同作用于信息力量的强弱。在实际传递信息时，群体说话人和祈使语气往往会成为首选，因为如前面分析所述，这二者可以使信息力量最大化。例如，由国家机关发出的话语"保护野生动物"的信息力量要比社会团体的号召强，而国家机关发出的话语"需要保护野生动物吗？"的信息力量则比社会团体的"保护野生动物"弱。

上述对影响话语的信息量、信息面和信息力量的因素的描述是就一般情况而言的，具有倾向性。在某些特殊案例中，一些权威人士的话语的影响力可能会超过社会团体的号召，而某些个人在博客或者论坛上的言论可能会受到全国甚至全世界的广泛关注。因此，对话语信息量、信息面和信息力量的判断需要置于特定语境中，根据说话人的身份和说话目的灵活处理。

人际意义系统的另一个主要系统是情态系统，该系统可以调节语气系统所传递的信息量、信息面和信息力量，同时表达说话者的态度和立场。例如，说话者可以用表示可能性的情态动词模糊生态事件或者事物的确定性，也可以利用表达责任的意态化动词增强人们的责任感。意态化手段，特别是强度意态动词的使用可以增强信息力量，例如公民"必须"要保护野生动物的栖息地。情态化手段会减弱信息力量，但却可能增加信息量,这是因为情态化手段的介入为听者留下了思考其他可能性的余地。例如,权威机构发布的消息"栖息地被破坏可能是造成该类野生动物濒危的原因"在到达听者处时,听者也许会接纳这一说法,也就是栖息地丧失对野生动物的危害,但是,他也许还会进一步思考"可能"这个表示情态意义的词在此出现的功效,考虑造成野生动物濒危的其他因素。

67

如何进行生态话语的语篇功能分析？

生态话语分析的语篇功能分析模式以系统功能语言学的主位系统和信息系统为基础，是一个超越小句的分析过程。而超越小句的分析还应该考虑到保持语篇衔接连贯的手段，即连接、照应、省略、替代和词汇衔接。

就主位系统和信息系统来说，分析者首先关注的是：主位和（已知/新）信息是生态的吗？要解决这个问题，首先需要了解什么是"主位生态化"（thematic ecologicalization）和"信息生态化"（information ecologicalization）。主位生态化和信息生态化需要从语篇意义下的话题主位和已知信息与经验意义下作格分析的施事（或者，比较常见的及物性分析的物质过程中的行动者和心理过程中的感知者）以及人际意义下的主语的重合着手。主位生态化和信息生态化包含两层含义：一个是非隐喻的，指的是主位选择和信息配置对生态环境的影响；另一个是隐喻的，指的是主位选择和信息配置在谋划语篇和传递信息量中的完整性和连贯性。

如果对主位的选择和对信息结构的配置所产生的语篇效应有利于反思生态问题、改进生态现状、促进生态系统中各个成分的和谐共生，那么这样的主位和信息可以说是生态的；反之，则被视为非生态的，至少不是生态的。我们以"human is killing wildlife"及其变体为例来说明这一观点。

在该小句中，"human"是物质过程的动作者（及物性分析）或施事（作格分析）、主语（人际功能）、主位和已知信息（语篇功能）。也就是说，"human"是说话者话语的起点，而这个起点直接指明杀害野生动物

表 1　"human is killing wildlife"的及物性、语气、主位和信息结构分析

human	is	killing	wildlife
Actor／Agent	Process：Material		Goal
Subject	Finite	Predictor	Complement
Theme	Rheme		
Given ———————————————————→New			

这一事件的责任人,同时也将人类作为杀害野生动物的责任人这一信息作为背景信息,表示这已经是众所周知的事情。在这样的情况下,主位是生态的,有利于引导有益性生态行动。那么"human is killing wildlife"的被动语态,即"wildlife is killed by human",又传递了什么样的含义呢?

表 2　"wildlife is killed by human"的及物性、语气、主位和信息结构分析

wildlife	is	killed	by **human**
Goal	Process：Material／Passive		Actor／Agent
Subject	Finite	Predictor	Adjunct
Theme	Rheme		
Given ———————————————————→New			

该小句将"wildlife"置于句首,作为说话者话语的出发点,旨在描述野生动物被杀害的情况。杀害野生动物的责任人(动作者/施事)human 作为新信息出现在句末,是小句信息的焦点,也是最能引起听话人注意的核心部分(加粗表示声调重音突出成分)。听话人在得到这样的消息后,有利于对自身行为进行反思,并做出有利于生态发展的行为,这种情况下实现的是信息生态化。接下来,我们将省略这一被动语态的附加语"by human",并观察省略后的小句与前两个例子的异同。

表 3 "wildlife is killed"的及物性、语气、主位和信息结构分析

wildlife	is	killed
Goal	Process: Material / Passive	
Subject	Finite	Predictor
Theme	Rheme	
Given ——————————————————→ New		

与表2中例子相比,表3中例子传达的物质过程中的行动者/施事被隐去,留余地给听话人去选择自己所相信的信息。听话人可以选择相信"野生动物是被人类杀害的",也可以选择相信"野生动物是被恶劣的自然环境所杀害的",还可以选择相信"野生动物是被其同类杀害的",等等。在表3中,话语的信息焦点在于"杀害"这一行动,而不是杀害这一行动的责任人。这种情况下,该话语并不一定会引导积极的生态行动,因此,我们说它是信息非生态的,至少不是生态的。

分析者进行生态话语的语篇分析时还需要考虑语篇的语境要素,也就是其语式。如果"wildlife is killed"出现在书面叙述语篇中,它是信息非生态的;但是,如果这句话出现在面对面的交谈中,听话人B对信息的溯源则可以弥补说话人A的信息非生态性。

A: Wildlife is killed in a wide range nowadays.

B: By whom? / For what?

A: Human./ For food, for medicine, for sport, even just for fun.

在该例中,B直接对杀害野生动物的责任人进行探寻(by whom),同时对杀害野生动物的目的提出疑问(for what)。虽然对目的的溯源没有直接提到人,但是食物、医药、运动和娱乐都是人类生活的一部分,让听话者自然而然就联想到是人实施了这一行为,由此减少了信息的非生态性。通过这一个例子我们还展示了主位生态化和信息生态化的隐喻解释:野生动物在人类生活中的这些效用弥补了说话人的信息缺失,也揭示了问题产生的原因,因此我们说这里的信息溯源在组织语篇和传递信息方面是生态的。

生态话语语篇功能分析的另一个内容是语篇的衔接手段,这里以照应和词汇衔接作为例子。韩礼德(Halliday 1990/2001)指出,英语的非生态因素之一是等级主义,其表现有表示有意识的人类的 she/he 与表示无意识的非人类的 it 的对立。在语篇中,这也就是如何使用照应。以 "the cervus nippon is feeding the baby, and she looks very tired" 与 "the cervus nippon is feeding the baby, and it looks very tired" 为例。前者使用 "she" 将鹿与人等同,特别是在哺乳这个环境下,使用 "she" 指代母鹿可能源于对母亲这一情感纽带的认同。而后者使用的 "it" 将鹿与人设定在不同的等级,在更高的层面来说,"it" 将人类与非人类动物区分开来。除了指代这一资源,语篇衔接的生态性还可以通过词汇衔接这一手段实现。例如,我们可以对比 "puma concolor coryi is an endangered species, and we need to do our utmost to protect our friend" 与 "puma concolor coryi is an endangered species, and we need to do our utmost to protect the animal"。前者通过 "our friend" 将人与佛罗里达美洲狮的关系拉近,增加人的认同感和使命感,通过触动人的情感更好地实现保护濒危野生动物这一目的(见问题56)。但是,以上所说的照应和词汇衔接都会受到文本类型的影响。例如,在新闻报道类和学术类文本中,使用 "it" 和 "the animal" 这类资源的可能性更大,这是由纪实类文本倾向报道客观事实这一特性决定的;而在小说、童话故事、电影类文本中,使用 "she" 和 "our friend" 的可能性更大,这与虚幻类文本时常赋予非人类动物一些人类特征有关,这点在童话故事中尤为明显。

68

如何利用元功能思想展开生态话语分析的实证研究?

我们将通过分析一篇生态文本的节选部分,展示如何借用系统功能语言学的框架展开生态话语分析的实证研究。该文本来自国际野生生物保护学会(The Wildlife Conservation Society,WCS)的官方网站,主要描述该机构的工作(WCS 2019)。出于篇幅考虑,分析的语料有两个限制:(1)只选取机构工作介绍的前三个部分(Overview,Saving wildlife, Saving wild places);(2)只分析这三个部分主页上的话语,不进入二级网页。我们选择 WCS 的文本的原因是:作为非政府民间组织,WCS 的历史悠久(成立于 1895 年)、成就显著(截至 2013 年在 64 个国家开展了 500 多项野外项目),拥有一批有经验、高学历的研究保护人员,因此它具有权威性并受到广泛关注,其话语具有比较大的影响力和号召力。

分析从概念意义、语篇意义和人际意义三方面着手。概念意义分为经验意义和逻辑语义意义。在经验意义的分析中,重点分析、解释过程角色和参与者角色,因为过程是小句最为核心的成分,其次是参与者,而环境是最边缘化的成分(Halliday & Matthiessen 2004:175-176)。在语篇意义分析中,关注话题主位的实现形式以及新旧信息在全文的配置。下面展示了对所节选文本的分析:方框代表话题主位,细下划线代表过程,粗下划线代表各过程中的第二参与者,双横下划线代表环境类型,波浪下划线代表小句复合体类型,下划虚线代表唯一的受益者。人际意义主要考虑信息传递和接受双方的身份和地位,以及他们对信息量、信息面和信息力量的影响。

OUR WORK:

|We| stand for【关系过程1】Wildlife.

|Our goal| is【关系过程2】to conserve【物质过程1】the world's largest wild places in 16 priority regions,(which are【关系过程3】)home to more than 50% of the planet's biodiversity.

|WCS| uses【物质过程2】science to【表示目的的加强型复合小句1】discover and understand【心理过程1】the natural world. |This knowledge| helps【物质过程3】us engage【物质过程4】and inspire【心理过程2】decision-makers, communities, and millions of supporters to take action【物质过程5】with【环境—伴随】us to【表示目的的加强型复合小句2】protect【物质过程6】the wildlife and wild places we all care about【心理过程3】.

|SAVING|【物质过程1】WILDLIFE

|WCS scientists| study【物质过程2】what wildlife species need【心理过程1】to thrive【物质过程3】. With【环境—方法】this knowledge, |we| invest【物质过程4】in abating【物质过程5】threats to wildlife within their most important strongholds and the corridors that connect【物质过程6】them. |We| target【物质过程7】large, iconic, wide-ranging species because of【环境—原因】their intrinsic value and because【表示原因的加强型复合小句1】they are【关系过程1】vital to ecosystem health. By【表示方法的加强型复合小句1】saving【物质过程8】them, |we| protect【物质过程9】all other biodiversity that

shelters【物质过程 10】under their conservation canopy.

SAVING【物质过程 1】WILD PLACES

Over the past century, WCS has established【物质过程 2】long-term conservation presence in the last wild places across the Americas, Africa, Asia, and Oceania, built【物质过程 3】strong and trusting partnerships, and acquired【物质过程 4】a depth of knowledge that ensures【物质过程 5】effective conservation action. We protect【物质过程 6】these last wild places because【表示原因的加强型复合小句 1】they are【关系过程 1】intact, biodiverse, most resilient to climate change, and bastions for large, iconic wildlife species【受益者】.

从 WCS 官网所节选的这一文本分为三个部分,分别表述了三个主题,共有 12 个小句复合体,包含 28 个小句。在 12 个小句复合体中,有 7 个直接以 WCS(包括"we")或者与 WCS 相关(如"our goal""WCS scientists")的参与者作为话题主位,也就是话语的起点所在。剩下的 5 个主位,有 2 个是第二部分和第三部分的标题,通过动词"saving"实现,而这一动作的主语仍然是 WCS,因此,也可以看作间接以 WCS 作为主位,不过是以 WCS 的行动作为主位。另外有 2 个主位是由环境成分实现,分别是第二部分中的"with this knowledge"和第三部分中的"over the past century";它们是标记性主位,如果要找到句子的非标记性主位,可以发现仍然是 WCS("we")。换言之,本选文是围绕 WCS 展开的。下面我们将对文本的三个部分进行详细分析。

(1) 对总起部分的分析

所摘取文本的第一部分是总起部分,标题之外分为三个段落。首段第一句话"We stand for Wildlife."相当于 WCS 的口号,表明了机构的立场和使命。这个口号利用关系过程将机构和野生生物联系起来,将两者置于同一等级。

① 主位分析

这一部分的三个段落全部以机构为起点,或使用代词主格"we",或使用代词所有格"our",或直接使用专有名词,即机构的名称"WCS",与文本主题"our work"一致。在第一个段落,新信息是关于野生生物作为一个物种与机构的关系;第二个段落中,新信息是野生生物栖息地;第三个段落牵涉到机构以外的一些野生生物保护者,包括决策者、社会团体和广大支持者,所传递的新信息有两个:一个是以科学作为手段,另一个是机构充当带头人,将以上三类群体引入保护野生生物和野生生物栖息地的行动中。

② 概念意义分析

这一主题利用3个关系过程阐述了机构的角色和使命,用6个物质过程和3个心理过程表明了机构的主要行动和思想感情,用2个表示目的的增强型小句复合体展现机构行动的动机,还利用1个表示伴随的环境成分将包括机构在内的4类参与者融合起来。

整体上来说,第一部分作为机构工作介绍的总起部分是生态的;它完整清晰地勾画了机构的工作内容和责任,展现了对野生生物和野生生物栖息地的关注。但是,最后一句话的限定成分"we all care about"将保护工作限制在一定范围之内,不得不说这对于整个生态系统来说是有缺憾的,但就目前的情况而言却也是现实的。任何工作,包括经济发展,都是以重点区域作为起点或试验点,再逐步扩展到更大的范围——这是一个有轻重缓急的主动选择过程。

③ 人际意义分析

该机构的话语和活动可能面向不同的受众,也就是文中提到的决策者、社会团体和广大支持者(普通个体)。由于所有的小句都采用陈述语气,因此说话人(作者)和听话人(读者)之间的关系是影响文本所传递的信息量、覆盖的信息面和实现的信息力量的主要因素。WCS与另外三类人类参与者关系的最大区别在于:WCS的话语对于决策者来说是为其决策和行动提供参考的,但是对于一些社会团体和广大野生生物保护个体来说是指引性的。作为权威的、有历史底蕴的、广为人知的野生生物保护机构,WCS 利用科学为决策者提供与时俱进的(信息量大)、覆盖面超过 50%物种的(信息面广)、作为参照的(信息力量中度)的信息,而为社会团体和普通个体提供大量的、广泛的和具有高强度的信息。

通过对文本的经验意义和人际意义的分析,我们可以了解 WCS、决策者/社会团体/个人、野生生物在这个特定社区中的生态位设定。这个特定社区属于生态系统的一部分,其参与者的生态位及相互关系是:WCS(在更广泛的意义上来说是人类)与野生生物是平等的;WCS 的功能和使命是保护野生生物及其栖息地;WCS 是使决策者、社会团体和普通个人参与到野生生物保护活动中来的引导者和发起者;在被影响的参与者中,决策者的地位相对另外两类参与者更高,但是就亲疏度来说距离 WCS 较远,而社会团体和广大支持者距离 WCS 更近,受它话语的影响更直接、更大。这些参与者之间的关系如图 14 所示:

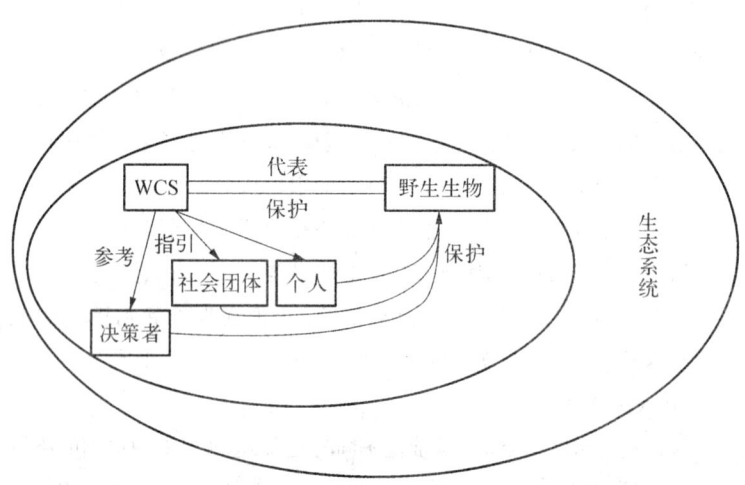

图 14 WCS 所设定的 4 类人类参与者与野生生物参与者的生态位

从图 14 可见,作为生态系统中的一个子系统,WCS、决策者、社会团体、个人(野生生物保护支持者)和野生生物形成一个完整的链条,其中主要参与者是 WCS 和野生生物(各自与外界有 5 个联结,见图中连线）。WCS的活动有：代表野生生物发声、保护野生生物、为决策者提供参考、指引社会团体和个人的思想和行动。野生生物所涉及的活动有：受到来自WCS、决策者、社会团体和个人的保护，通过WCS表达需要。另外3个参与者，即决策者、社会团体和个人，受WCS的影响并做出保护行动。虽然这3个参与者受WCS影响的力度不同，但是他们最后汇聚为一股保护力量流向野生生物。由此，WCS作为主位、野生生物及其栖息地的保护工作作为新信息的生态化语言表征得到印证。

如果以生态中心论来看，这段文本中人类作为行动的主导，野生生物始终作为被动者，这是不为深生态主义者所乐见的。但是从我们所持的"和谐"的生态哲学观视之，这恰恰体现了"以人为本，和谐共处"的思想，是生态的。

（2）对第二部分"拯救野生生物"的分析

由于第二部分与第三部分所涉及的说话人（作者）和听话人（读者）的身份、地位及其相互间关系与第一部分相同，所以在对这两个部分的讨论中不再赘述它们的人际功能。

① 主位分析

第二部分的标题"saving wildlife"是第一部分的新信息，在这里作为第二部分的出发点，成为主位，帮助读者清晰地了解第二部分的主题。这部分是WCS的第一个使命——保护野生生物。主体部分（标题除外）包括4个小句复合体，其非标记性话题主位仍然是WCS或者与WCS相关的参与者，体现了该机构的主体地位，也体现了它的责任感。第一个主位WCS照应了第一部分中WCS利用科学开展保护行动的信息。第二个句子的标记性话题主位由表示方法的环境成分实现，它一方面突出了科技在野生生物保护工作中的重要地位，另一方面与前一句中WCS科学家所进行的科研活动衔接，形成自然过渡。

② 概念意义分析

第一句中的科学行动与第一部分的心理过程1形成一个科学研究动词资源（"study""discover""understand"）。该机构的其他行动除了出现频率最高的"protect"和"save",还有"invest""abate""target"等。与第一部分不同的是,这一部分出现了3次野生生物作为施事的情况,分别是作为感知者表达自身需求(心理过程1),作为载体表明其地位(关系过程1)以及作为动作者传达其行动(物质过程10)。这些过程丰富了野生生物作为生态系统参与者的形象和职能,表明野生生物也是具有意识、可以自主行动的生命体。该部分另一个比较突出的特征是利用环境成分和加强型小句复合体表示方法和原因。表示方法的环境成分"with this knowledge"告诉我们WCS开展的保护工作是有科学依据和保障的,与第一部分出现的"we use science to discover and understand the natural world"交相呼应。表示原因的环境成分"because of their intrinsic value"和加强型小句复合体"because they are vital to ecosystem health"共同解释了在第一部分出现的将WCS所保护的野生生物限制在所有人都关心的种类和在第二部分强调的大型、标志性、分布范围广的野生生物的原因,消除读者的疑惑并减少限制性保护所带来的遗憾。因此,在第二个部分,不管是从文本结构还是从在描述野生生物本身来说,都是生态的。

(3) 对第三部分"保护野生生物栖息地"的分析

① 主位分析

与第二部分一样,第三部分的标题"saving wild places"本是第一部分的新信息,但在这里作为话语的起点,成为第三部分的主位,展示第三部分的主题。这一部分陈述的是WCS的第二个使命——保护野生生物栖息地。主体部分(标题除外)包括2个小句复合体,它们的非标记性话题主位都是WCS,描述了该机构在保护野生生物栖息地的工作中所取得的成就。不过,第一句中的标记性话题主位由表示时间的环境成分"over the past century"实现,既可以突显机构工作的历史性,也对机构的工作进行时间界定。

② 概念意义分析

在这一部分,物质过程占了很大比例,主要用于描述机构保护野生生物栖息地的行动。其中,物质过程4和5照应第一部分,展现了科学知识在 WCS 保护行动中的重要地位。同时,通过表示原因的加强型小句复合体阐释了对所保护的野生生物栖息地加以限制的原因,并将最终的受益者落实到第二部分中出现的大型的、标志性的野生生物物种。

相比第一和第二部分,第三部分的结构较为简单,所有焦点都集中在 WCS 的行动上,缺少变化。这三个部分之间的相互联系可以简单总结如下:

第一部分作为总起部分,其结构最复杂,这是因为它实际上包含了接下来的两个部分的内容。以过程类型为例,第一部分的类型较多、分布较均,除了 6 个物质过程,还有 3 个关系过程和 3 个心理过程。其次,第二部分与第三部分结构相似:它们都采用"小标题+正文"的格式,小句数量差距不大(第三部分偏少一些),对过程类型和主位的选择相似。我们继续以过程类型为例,第二部分包含了 1 个关系过程和 10 个物质过程,第三部分包含 1 个关系过程和 6 个物质过程,两个部分中物质过程都占有绝对优势。最后,第一部分的内容在第二部分和第三部分中得到进一步阐释。第一部分对野生生物种类和野外保护范围的限制给人留下疑虑,对其生态性有所保留。而这一限制在第二部分和第三部分得到了解释。在这三个部分中,WCS 是最为重要的参与者,它以科学研究为途径开展野生生物及其栖息地的保护行动,为决策者提供参考,为社会团体和热心人士做出指引,还要代表野生生物发声,这些表现在 WCS 作为话语的出发点(主位)和行动主导者(行动者/施事)上。

就文本的结构来说,对主位的选择、不同参与者的生态位、机构的目的和手段以及限制原因阐释都是生态的。这些可以使读者对该机构的使命和责任形成清晰的认识。就对生态系统产生的影响来说,WCS 试图激励各层面的人士加入保护野生生物的行动,积极发挥主观能动性,有重点地开展项目。这与我们所认同的和谐的生态哲学观一致,对生态系统产生积极的影响。

什么是生态语言学

生态语言学的发展趋势

全球化背景下生态语言学的发展态势是什么？

斯特芬森在访谈录《生态语言学：整体化与多样化的发展趋势》（何伟、魏榕 2017a）中提到，在全球化背景下，生态语言学的发展实现了东西方交融，西方有关生态语言学的思想和理论传播到中国，而中国的传统哲学思想（如儒家和道家）和本土化研究（如和谐话语分析）也对西方的生态语言学研究有所启示。斯特芬森还说：

> 鉴于不同的文化传统和不同的生态系统界定会建构出不同的生态语言学理论框架，不同国家的研究者需要进行更多的对话，相互交流、相互学习、相互合作，共同促进生态语言学的发展，确保生态语言学处于"整体化"和"多样化"的发展态势之中。（何伟、魏榕 2017a：151）

虽然斯特芬森并未阐明整体化和多样化的具体含义，但我们赞同斯特芬森的这一观点。在当前全球化背景下，任何学科的发展都不可能闭门造车。我们需要了解不同地区的文化传统、哲学思想、政治经济背景、社会发展阶段等，以此作为学习、交流和研究的依据。在此基础上，需要结合本地语境发展生态语言学。除了各个地区在不同背景下的生态语言学多样化发展以外，还有不同学科、不同流派的思想也对生态语言学多样化发展产生影响。不过，生态语言学的多样化发展离不开整体化。我们说的生态语言学多样化发展是就生态语言学的研究路径、研究方法、指导思想、研究框架、生态哲学观、生态伦理、生态价值观而言，而生态语言学的整体化则有关生态语言学研究的终极目的和研究愿景。

就学科发展来说,我们期望可以不断深化生态语言学研究,拓展研究思路,丰富研究成果;就生态系统和语言发展来说,我们期望可以了解语言在生态系统中的功能以及语言与环境的关系,通过研究语言发现、分析自然生态问题和语言发展问题,提高人的生态素养,对人们的思想和行动起到积极的引导作用,为保护自然生态和语言多样化工作贡献一份力量。

生态语言学整体化和多样化发展与生态保护的整体化和多样化发展有异曲同工之妙,这可以通过最近一条振奋人心的消息来解释:

> Good news for green thumbs: The world is a greener place than it was 20 years ago. Data from NASA Earth satellites shows that human activity in China and India dominates this greening of the planet, thanks to tree planting & agriculture. (NASA 2019)

这则消息说的是,美国 NASA 公布的卫星数据显示地球比 20 年前更绿了,并且中国和印度的植树和农业主导了这一地球变绿的过程。这意味着我们在环境保护上取得了很大进步,尤其是中印两国所做出的努力受到世界的瞩目和肯定。但是这两个国家增加绿化面积的途径却有所不同,中国是通过植树(42%)和农业(32%)并重来增加绿化面积,而印度则主要依赖于农业(82%)(CHEN et al. 2019)。在中国,一项广大群众日益关注并参与的植树项目就是"蚂蚁森林",它不仅对人们的生活和生态环境产生重大影响,而且在最近一两年也受到中国政府的肯定和支持,同时还受到联合国的赞誉,称其为"世界独一无二"。

生态保护是一项全球事业,不同的国家和地区会采取不同的途径来保护生态系统。因此,生态保护会呈现出区域和手段的多样化特征,但是我们最终的目的以及所期待的成就是一致的,那就是使地球更绿,使生态系统保持健康。

70

中国生态语言学有何发展祈愿？

一个学科的发展涉及的因素很多。在中国建设生态文明的大背景下，生态语言学研究与"构建人类命运共同体"和"坚持人与自然和谐共生"是一脉相承的。因此，语言生态研究、生态话语分析以及和谐话语分析模式构建等学术探索的前途是光明的，也一定会有很好的发展。当然，要发展好一个学科，靠的是多方面的努力和支持。

我们的研究框架是系统功能语言学，因此下面所要说的中国生态语言学的发展祈愿主要与生态语言学的韩礼德模式有关。

生态语言学的两种模式在中国的发展阶段不同，呈现的特点也不同。对生态语言学豪根模式的研究，也就是对语言及其言语社区的研究，早在20世纪八九十年代就已为人所知（如郑通涛1985；李国正1987，1991），而生态语言学韩礼德模式则是在21世纪初正式介绍进入中国的，代表人物是范俊军（2005）。不过范俊军在早期也主要关注语言的生态，例如对中国一些方言土话的讨论。虽然当时也有一些学者（如王晋军2005）做了相关介绍，但是生态语言学的韩礼德模式仍然只是一个少为人知的领域。直到最近几年，随着中国系统功能语言学者的积极参与和大力提倡，这一模式在中国逐渐拥有了一批践行者，在举办会议、创立组织、发表论文等方面都有了一些成果（见问题3）。

生态语言学非隐喻研究在中国经历了近10年的引进阶段，最近几年也还在不断汲取国外的发展理念。从某种程度上来说，我们仍然处在学习、摸索阶段。在中国的具体语境下提出的和谐话语分析是一种设想、一种突破、一种创新，我们也在不同的地方讨论了这个话题（如黄国文 2016b，2017；赵蕊华、黄国文 2017；Zhou & Huang 2017；黄国文 2018）。但是，该设想还有很多问题需要研究，有待进一步完善和丰富，并且需要实证研究的支撑和检验。此外，如赵蕊华、黄国文（2017）所说，和谐话语分析模式也适用于其他地区和国家背景下的生态话语分析，所以分析者还可以利用这一模式进行其他语境下的分析尝试。

当前国内一些学者对借助系统功能语言学框架进行生态语言学研究存在些许误解（见问题43）。他们认为这种研究只不过是利用系统功能语言学的一些概念和方法对生态类文本进行话语分析，所以它仍然是系统功能语言学研究或者属于批评话语分析的分支，而不是生态语言学。不可否认，这样的情况的确存在，其原因主要有两个。首先，生态语言学在中国发展的时间还不长，不少人对生态语言学的概念、核心思想、研究方法以及与其他学科的异同还没有全面而清晰的了解，自然也会产生疑惑。因此，我们在进行学科发展和创新的同时，还要注意对基础知识的澄清和普及。其次，生态语言学非隐喻模式的创始人韩礼德也是系统功能语言学的创始人，他（Halliday 1990/2001）对语言的非生态因素的分析就是基于系统功能语言学的框架。中国生态语言学的非隐喻模式也是在一批系统功能语言学学者（如黄国文、何伟、王晋军、辛志英等）的倡导下兴起的。正是因为如此，一些系统功能语言学和批评话语分析的研究者会以系统功能语言学的概念和方法作为研究的切入点，这也无可厚非。但是，我们要迈过这个"鹦鹉学舌"的阶段，在分析中关注生态化的语言特点，各个成分的生态位和生态身份，分析者和说话者的生态哲学观、生态道德和生态价值观等，实现系统功能语言学与生态语言学的有机结合，而不是生搬硬套。

生态语言学在中国的本土化发展，除了黄国文提出的和谐话语分析，还有何伟等人尝试建立的功能生态语法。何伟、魏榕（2017），何伟、张瑞杰（2017）以及张瑞杰（2018）在系统功能语言学的基础之上初步构建了生态及物系统、生态语气系统、生态情态系统、生态评价体系的态度子系统和生态信息系统。但是正如何伟和魏榕（2018c：70）所说，这些研究还不够"系统和完善""在实践中的可操作性不够强"。这是因为这些语法子系统的建立只是在原系统功能子系统的基础上增加了生态维度,只是对原系统功能子系统的细化和拓展。另外,这些子系统间缺少关系链接,未能有机地融合在一起。我们认为,意欲建立一个全面的、系统的、可操作的生态语法,这是创新的表现,值得称赞。但是,所有的学术创新都非常不容易,需要时间的累积和研究团队的共同努力;对原有的某个框架进行扩展是选择了起点,但最终要追求的是本质的原创。因此,要在了解更多生态学、生态语言学的基础上,借鉴系统功能语言学等理论的一些思想和理念,最终建立具有生态特色的、属于生态语言学的生态语法。这是一个比较高的要求,不是一朝一夕、一蹴而就的事情,需要一代又一代人坚持不懈的努力。

除了系统功能语言学,我们还需要其他学派、其他学科的研究者加入。目前,中国的认知语言学学者已经意识到生态语言学与认知语言学之间存在可借鉴之处,初步尝试将这两个学科联系起来,拓宽两者的研究范围,丰富研究成果。在将来,我们期待有更多学科的研究者加入到生态语言学的研究中来。这不仅限于语言学学科,还包括文学、美学、生态学等其他学科,由此为生态语言学发展带来新的思路,注入新的活力。基于这样的思路和愿景,我们把生态语言学定位为广义的应用语言学(见问题6),突出运用多个理论来指导、充实和支持构建生态语言学学科的重要性和关键性。

总的来说,中国的生态语言学发展应该是考虑国际生态发展趋势的、适应中国环境的、融合各学派各学科的"生态"的发展。我们之所以称之为"生态"的发展,是因为我们将中国的生态语言学置于国际语言学发展这个系统中,并综合自身的特点"因地制宜",同时也讲求各学科、各流派的协同合作、相互交融。如果可以实现生态的发展,那么生态语言学在学科发展、学术研究、人才培养、课程建设以及解决实际生态问题方面将拥有广阔的发展前景。

71
怎样让更多人加入语言与生态问题研究的行列?

生态语言学、生态话语分析、和谐话语分析等所涉及的研究内容非常值得有志于献身生态文明建设的年轻人关注、参与和探讨。培养年轻的学术研究者,这是一个学科发展的必然之路。在这方面,有很多工作可以做。例如:

第一,让他们看到研究的价值和意义。生态问题已波及全球,是所有人都不得不关心的问题。中国的生态文明建设已经成为国家发展战略,写进了国家宪法,是国家建设和发展的重要组成部分。生态语言学、生态话语分析、和谐话语分析的研究会直接影响人们的生活,能够为国家的发展做出贡献,因此具有重要的现实意义。

第二,让他们对研究的问题和内容产生越来越大的兴趣。生态话语涉及的内容非常广泛,与我们的日常生活息息相关,怎样从这些材料中找到研究的乐趣是值得探讨的问题。在正式展开分析研究之前,需要鼓励和引导他们阅读重要学术文献,了解基本概念和术语,奠定好研究基础。

第三,引导他们应用自己已经掌握的知识、理论、方法来研究语言与生态的问题。因为生态语言学是广义的应用语言学,任何理论都可以用来帮助我们发现和探讨与这个跨学科有关的问题。这样一来,无形中降低了进入生态语言学研究的门槛,可增强他们的信心。

第四,让他们明白生态语言学提供了一种新的研究视角,可以对任何话语类型和语篇体裁进行分析。黄国文(2016a)所提倡的"思,以生态语言学为本;行,以生态语言学为道"(Think and act ecolinguistically)

所蕴含的意思包括：如果你从生态语言学的角度去思考问题，那就能够从事生态语言学方面的研究。这其实是要求研究者从生态语言学的视角审视人们的思和行。有了这样的研究视角，就可以进行生态话语分析，就能发现原先看不到的问题。

第五，鼓励年轻学者积极参加各种学术培训班、学术讨论和学术会议，让他们融入研究的大家庭，与志同道合的学术朋友一起研讨学术问题，在与别人的学术交流中尽快成长起来（见问题3）。在条件允许的情况下，可以开设生态语言学课程（或者网上课程），为年轻学者学习生态语言学知识搭建好平台。

第六，努力帮助和提携年轻学者，构建一个有志于生态文明建设、推动生态语言学研究发展的学术共同体。指导年轻学者选择研究方向，聚焦研究问题，关注国家乃至全世界的生态问题，培养其担当精神，使他们把自己的学术研究与人类对美好生活的追求联系起来。

我们希望可以通过这些方法吸引更多的青年学者走进生态语言学研究的领域，为促进生态语言学发展、保护生态环境贡献自己的智慧和力量。这对于一个学科的发展是至关重要的，因为只有不断有新的力量加入，这个学科才可以保持生机，实现学科的"可持续"发展。

汉英关键词对照表

阿德莱德团队　Adelaide Group
巴西利亚小组　Brasília Group
本体本质论　ontological essentialism
本体现象论　ontological epiphenomenalism
本土化　localization
辩证生态语言学　dialectical ecolinguistics
辩证语言学　dialectical linguistics
病理学　pathology
病理语言学　clinical linguistics
参与者　participant
参与者角色　participant's role
层次　stratification
场所　locale
超学科　trans-disciplinary
城市生态学　urban ecology
传播学　communication
等级主义　classism
地球语言组织　Terralingua
第二秩序语言　second-order language
第一秩序言语　first-order languaging
动物解放/权力论　animal liberation/rights theory
多元论　pluralism
儿童语言习得　child language acquisition
二元论　dualism
非人类中心主义　non-anthropocentrism

分布式语言　distributed language
分布式语言观　distributed language perspective
分布式语言研究会　Distributed Language Group
分布式语言运动　Distributed Language Movement
符号生态　symbolic ecology
福祉　well-being
复兴语言学　revival linguistics
格拉茨团队　Graz Group
个人主义　individualism
个体发生学　ontogenesis
功能的　functional
功能的语言观　a functional view of language
功能话语分析　functional discourse analysis
功能主义　functionalism
构架　framing
故事　story
关怀　care
关系意义　relational meaning
广义生物语言学　general biolinguistics
国际生态语言学学会　The International Ecolinguistics Association (IEA)
国际通用语　lingua franca
过程类型　type of process
过程哲学　process philosophy
和平语言学　peace linguistics
和谐话语分析　harmonious discourse analysis (HDA)
宏观生态语言学　macro-ecolinguistics
宏观语言学　macro-linguistics
话语的生态分析　the ecological analysis of discourse
话语分析　discourse analysis
话语转向　the discursive turn
环境　circumstance
环境话语　environmental discourse
环境极限　environmental limits
环境生态学　environmental ecology
环境素养　environmental literacy

恢复　resilience
会话分析　conversation analysis
霍桑实验　Hawthorne studies
机构生态语言学　institutional ecolinguistics
积极话语分析　positive discourse analysis(PDA)
激进生态语言学　radical ecolinguistics
给养理论　the theory of affordances
记录语言学　documentary linguistics
加的夫语法　the Cardiff grammar
价值判断　value judgment
价值中立　value-free
建构(的)　constructive
交叉学科　interdisciplinary
交际语言教学　communicative language teaching
教育生态学　education ecology
接触语言学　contact linguistics
解构的　destructive
进步主义　progressivism
进化的　evolutionary
进化语言学　evolutionary linguistics
经济人　homo economicus
经济生态学　economic ecology
经济主义　economism
可持续素养　sustainability literacy
可持续性　sustainability
框架　frame
扩展生态假说　extended ecology hypothesis
良知原则　the principle of conscience
绿色语法　green grammar
马克思主义语言学　Marxist linguistics
模糊性话语　ambivalent discourse
欧登塞团队　Odense Group
批评话语分析　critical discourse analysis(CDA)
批评生态语言学　critical ecolinguistics
批评性语言研究　critical language study

批评语言学　critical linguistics
评估　evaluation
评价模式　appraisal pattern
评价体系　appraisal system
破坏性话语　destructive discourse
普通语言学　general linguistics
浅环境主义　shallow environmentalism
强式　the strong version
亲近原则　the principle of proximity
区域生态学　regional ecology
人类生态学　human ecology
人类学　anthropology
人类中心主义　anthropocentrism
人类自愿灭绝运动　Voluntary Human Extinction Movement
认知动态　cognitive dynamics
认识论　epistemology
认知生态　cognitive ecology
认知语言学　cognitive linguistics
弱式　the weak version
萨丕尔-沃尔夫假说　Sapir-Whorf hypothesis
三维视角　trinocular perspective
删略　erasure
社会公正　social justice
社会人　social man
社会身份　social identity
社会生态学　social ecology
社会文化生态　sociocultural ecology
社会学　sociology
社会语言学　sociolinguistics
社会责任　social accountability
身份　identities
深层生态学　deep ecology
神经语言学　neurolinguistics
生态　ecology
生态的语言学　ecological linguistics

生态泛化　ecological generalization
生态工程学　ecological engineering
生态话语　ecological discourse
生态话语的分析　the analysis of ecological discourse
生态价值观　ecological value
生态教育　ecological education
生态伦理　ecological ethics
生态美学　ecoaesthetics
生态女性研究　ecofeminism
生态批评　ecocriticism
生态批评话语分析　eco-critical discourse analysis
生态平衡　ecological equilibrium
生态人　eco-man
生态社会学　ecological sociology
生态身份　ecological identity
生态素养　ecological literacy
生态位　ecological niche
生态文学　eco-literature
生态文学小组　Ecological Literature Group
生态系统　ecosystem
生态系统多样性　ecosystem diversity
生态心理学　ecological psychology
生态学　ecology
生态意识　ecological consciousness
生态语言学　ecolinguistics
生态语言学学术共同体　Community of Ecolinguistics
生态语言学研究所　Center for Ecolinguistics
生态哲学　ecophilosophy
生态哲学观　ecosophy
生态中心主义　ecocentrism
生态转向　the ecological turn
生物　biology
生物多样性　biodiversity
生物生态共存观　bio-ecological awareness
生物学　biology

生物语言学　biolinguistics
生物中心论　biocentrism
施事　agent
实例　instance
实现循环　realization cycle
实在特性　tangible qualities
事实判断　fact judgment
适用语言学　appliable linguistics
田野调查　field research
凸显　salience
微观生态语言学　micro-ecolinguistics
微观语言学　micro-linguistics
物理环境　physical environment
物理学　physics
物种多样性　species diversity
物种主义　specism
系统功能语言学　systemic functional linguistics
系统论　systemism
系统生态语言学　systemic ecolinguistics
狭义生物语言学　special biolinguistics
现在和未来　now and the future
消费主义　consumerism
协和语法　consonant grammar
心理学　psychology
心理语言学　psycholinguistics
新马克思主义语言学　neo-Marxist linguistics
信念　conviction
信息广度　coverage
信息力量　force
信息量　volume
信息生态化　information ecologicalization
形式的语言观　a formal view of language
形式主义　formalism
选择　alternative
言语存在　languaging being

言语活动　languaging
言语社区　speech community
一个对社会负责的语言学　a socially accountable linguistics
一种实践语言观　a practical view of language
伊布巴　imbumba
遗传多样性　genetic diversity
以人为本　people-orientedness
以问题为导向的理论　a problem-oriented theory
意识形态　ideology
意义　semiotic
意义发生学　semogenesis
意义潜能　meaning potential
隐喻　metaphor
英美学派　the British American School
应用生态语言学　applied ecolinguistics
有益性话语　beneficial discourse
语篇发生学　logogenesis
语言的多样性　language diversity
语言的生态　the ecology of language
语言的生态学　linguistic ecology
语言学　linguistics
语言学批评　linguistic criticism
语言转向　the linguistic turn
语用学　pragmatics
增长主义　growthism
真实性模式　facticity patterns
整体的　holistic
整体论　holism
政治学　political science
制约原则　the principle of regulation
中观生态语言学　meso-ecolinguistics
中国生态语言学研究会　China Association of Ecolinguistics
中性话语　ambivalent discourse
种系发生学　phylogenesis

重视生活 valuing living
主位生态化 thematic ecologicalization
自然生态 natural ecology

参考文献

阿伦·斯提比.2019.生态语言学:语言、生态与我们信奉和践行的故事[M].陈旸,黄国文,吴学进,译.北京:外语教学与研究出版社.

百度百科.[2019].大熊猫.[2019-06-07].https://baike.baidu.com/item/%E5%A4%A7%E7%86%8A%E7%8C%AB/34935?fr=aladdin.

曹志耘.2017a.关于语保工程和语保工作的几个问题[J].语言战略研究(4):11-16.

曹志耘.2017b.跨越鸿沟——寻找语保最有效的方式[J].语言文字应用(2):2-8.

常远.2018.深生态学视角下生态话语的经验功能分析——以《光明数字报》的配图生态新闻为例[J].外国语言文学(5):492-505.

崔桂华.2016.生态语言学视阙下的"绿色语法"研究[J].通化师范学院学报(人文社会科学)(2):36-39.

崔桂华,齐红英.2012.生态语言学:语言系统的生态学视角研究[J].东北师范大学学报(4):168-171.

戴桂玉,仇娟.2012.语言、环境、社会——生态酒店英文简介之生态批评话语分析[J].外语与外语教学(1):48-52.

杜吉泽,李维香.2005."生态人"简论[C]//第八届暨全国人学研讨会论文集.北京:中国人学学会:285-291.

杜吉泽,李维香.2010.生态人论纲[M].北京:群众出版社.

杜瑶.2017.生存,还是毁灭?——请把杀戮变成守护[N/OL].搜狐网,2017-05-09[2019-04-19].http://www.sohu.com/a/139229618_523420.

范俊军.2005.生态语言学研究述评[J].外语教学与研究(2):110-115.

范俊军,马海布吉.2018.生态语言学的概念系统及本土化研究方向[J].广西民族大学学报(哲学社会科学版)(6):100-109.

菲尔.2004.当代生态语言学的研究现状[J].范俊军,宫齐,译.国外社会科学(6):5-10.

冯广艺.2013.语言生态学引论[M].北京:人民出版社.

高然,刘佳欢.2018.生态语言学的多样化发展趋势与超学科属性(Ⅱ)——"第二届中国生态语言学战略发展研讨会"综述[J].北京科技大学学报(社会科学版)(6):50-55.

顾曰国.2005.教育生态学模型与网络教育[J].外语电化教学(4):3-8.

国家统计局.2019.2018年国民经济和社会发展统计公报[N/OL].2019-02-28[2019-04-11].http://www.stats.gov.cn/tjsj/zxfb/201902/t20190228_1651265.html.

韩礼德,何远秀,杨炳钧.2015.系统功能语言学的马克思主义取向——韩礼德专题访谈录[J].当代外语研究(7):1-4.

何伟.2018.关于生态语言学作为一门学科的几个重要问题[J].中国外语(4):1,11-17.

何伟,魏榕.2017a.生态语言学:整体化与多样化的发展趋势——《语言科学》主编苏内·沃克·斯特芬森博士访谈录[J].国外社会科学(4):145-151.

何伟,魏榕.2017b.国际生态话语之及物性分析模式构建[J].现代外语(5):597-607.

何伟,魏榕.2018a.国际语境下的生态语言学研究[J].北京科技大学学报(社会科学版)(2):1-5.

何伟,魏榕.2018b.多元和谐,交互共生——国际生态话语分析之生态哲学观建构[J].外语学刊(6):28-35.

何伟,魏榕.2018c.话语分析范式与生态话语分析的理论基础[J].当代修辞学(5):63-73.

何伟,魏榕,STIBBE A.2018.生态语言学的超学科发展——阿伦·斯提布教授访谈录[J].外语研究(2):22-26.

何伟,张瑞杰.2017.生态话语分析模式构建[J].中国外语(5):56-64.

何远秀.2016.韩礼德的新马克思主义语言研究取向[M].北京:中国社会科学出版社.

何远秀,杨炳钧.2014.韩礼德的马克思主义语言哲学观与方法论[J].东南学术(5):20-25.

鸿雁.2013.王阳明全书[M]昆明:云南人民出版社.

胡壮麟.2018.韩礼德学术思想的中国渊源和回归[M].北京:外语教学与研究出版社.

黄长著.2016.从战略高度看待语言多样性[N/OL].人民网—人民日报,2016-04-20(07)[2019-03-15].http://theory.people.com.cn/n1/2016/0420/c40531-28289025.html.

黄国文.2016a.生态语言学的兴起和发展[J].中国外语(1):1,9-12.

黄国文.2016b.外语教学与研究的生态化取向[J].中国外语(5):1,9-13.

黄国文.2017.生态话语和行为分析的假定和原则[J].外语教学与研究(6):880-889.

黄国文.2018a.斯提比生态语言学研究述评[J].鄱阳湖学刊(1):42-47.

黄国文.2018b."请进来"与"走出去":关于学术国际化问题的思考[J].外国语(4):106-112.

黄国文.2018c.M.A.K.Halliday 的系统功能语言学理论与生态语言学研究[J].浙江外国语学院学报(5):31-40.

黄国文.2018d.从生态批评话语分析到和谐话语分析[J].中国外语(4):39-46.

黄国文,陈旸.2016a.菲尔生态语言学研究述评[J].鄱阳湖学刊(4):19-24.

黄国文,陈旸.2016b.生态哲学与话语的生态分析[J].外国语文(6):55-61.

黄国文,陈旸.2017.作为新兴学科的生态语言学[J].中国外语(5):38-46.

黄国文,陈旸.2018a.微观生态语言学与宏观生态语言学[J].外国语言文学(5):461-473.

黄国文,陈旸.2018b.生态话语分类的不确定性[J].北京第二外国语学院学报(1):3-14.

黄国文,刘明.2016.话语分析核心术语导读[C]// 话语分析核心术语.北京:外语教学与研究出版社:ix-xlii.

黄国文,王红阳.2018.给养理论与生态语言学研究[J].外语与外语教学(5):4-11.

黄国文,文秋芳.2018.新时代外语工作者的社会责任[J].中国外语(3):1,12-14.

黄国文,肖家燕.2017."人类世"概念与生态语言学研究[J].外语研究(5):14-17.

黄国文,徐珺.2006.语篇分析与话语分析[J].外语与外语教学(10):

1-6.

黄国文,赵蕊华.2017.生态话语分析的缘起、目标、原则与方法[J].现代外语(5):585-596.

黄知常,舒解生.2017.生态语言学:语言学研究的新视角[J].南华大学学报(社会科学版)(2):68-72.

教育部.2018.加强语言交流互鉴 推动构建人类命运共同体——首届世界语言资源保护大会闭幕[N/OL].2018-09-20[2019-05-02].http://www.moe.gov.cn/jyb_xwfb/gzdt_gzdt/moe_1485/201809/t20180920_349574.html.

康淑敏.2012.教育生态视域下的外语教学设计[J].外语界(5):59-67.

孔子.2015.论语[M].王超,译.北京:京华出版社.

老子.2015.道德经[M].北京:京华出版社.

雷丹.2016.生态学视域下大学英语教师生态位研究[M].青岛:中国海洋大学出版社.

李国正.1987.生态语言系统说略[J].语文导报(杭州)(10):21-23.

李国正.1991.生态汉语学[M].长春:吉林教育出版社.

李继宗,袁闯.1988.论当代科学的生态学化[J].学术月刊(7):45-51.

李玖,王建华.2018.中国生态语言学研究概况的科学知识图谱分析[J].外国语言文学(5):544-558.

李美霞,沈维.2017.域内外生态语言学研究流变与发展趋势[J].北京科技大学学报(社会科学版)(6):8-18.

李文蓓.2018.基于语言生态学的语言生态位研究[J].外国语言文学(5):482-491.

李战子.2001.功能语法中的人际意义框架的扩展[J].外语研究(2):48-54.

刘佳欢,高然.2018.生态语言学的多样化发展趋势与超学科属性(Ⅰ)——Andrew Goatly与Stephen Cowley教授生态语言学新思想[J].北京科技大学学报(社会科学版)(6):43-49.

刘芹.2014.教育生态环境下分层次递进式大学英语教学模式探索——以上海理工大学为例[J].外语界(5):51-58.

刘森林.2008.生态化大学英语课堂模式设计研究[J].外语电化教学(3):33-37.

刘姝昕.2018.绿色语法:基于COCA的oil搭配研究[J].北京科技大学学报(社会科学版)(6):27-32.

鲁枢元.2019.生态哲学:引导人与自然和谐共处的世界观[J].鄱阳湖学

刊(1)：5-11.

陆俭明.2018.关涉国家安全的语言战略实施中语言文字基础性建设问题[J].浙江大学学报(人文社会科学版)(3)：57-84.

马俊杰.2018.生态语言学研究中的"认知范式"[J].外国语言文学(5)：472-481.

蒙培元.2004.人与自然——中国哲学生态观[M].北京：人民出版社.

苗兴伟,赵云.2018.生态话语的系统功能语言学阐释[J].浙江外国语学院学报(5)：41-46.

彭剑娥.2015.外语教师发展研究的生态学视角[J].语言教育(4)：37-42.

乔清举.2013.儒家生态思想通论[M].北京：北京大学出版社.

秦丽莉,戴炜栋.2013.二语习得社会文化理论框架下的"生态化"任务型语言教学研究[J].外语与外语教学(2)：41-46.

斯蒂芬·考利.2017.生态语言学视域：语言与生物生态的必然统一[J].周文娟,译.鄱阳湖学刊(2)：5-21.

谭晓春.2018a.和谐共生：生态诗歌的话语分析——以《一个真实的故事》为例[J].外国语言文学(5)：506-518.

谭晓春.2018b.生态话语的价值判断和科学判断[J].中国外语(4)：47-53.

天主教香港思高圣经学会,译.1968.圣经：天主教思高版[M].南京：爱德出版社.

王馥芳.2017.生态语言学和认知语言学的相互借鉴[J].中国外国(5)：47-55.

王晋军.2005.生态语言学：语言学研究的新视域[J].天津外国语学院学报(1)：53-57.

王晋军.2006.绿色语法与生态和谐[J].华南理工大学学报(社会科学版)(2)：57-60.

王林海,张晴,马兰.2014.教育生态学视域下的现代信息技术与大学英语课程整合状况分析[J].外语电化教学(6)：46-51.

王诺.2009."生态的"还是"环境的"？——生态文化研究的逻辑起点[J].鄱阳湖学刊(1)：102-109.

王珊珊,宗秀蔡.2012.地方感与生态身份认同——梭罗生态观新读[J].鄱阳湖学刊(2)：85-92.

王姝丽.2012.生态学视域下外语课堂的教学形态研究[J].黑龙江教育学院学报(12)：171-173.

王天孜.2005.论生态良知[D].曲阜：曲阜师范大学.
王阳明.2013.传习录[M]//鸿雁.王阳明全书：下篇.昆明：云南人民出版社.
魏榕,何伟.2017.生态语言学的兴起与多样化发展："第一届中国生态语言学战略发展研讨会"综述[J].北京科技大学学报(社会科学版)(4)：38-41.
辛志英,黄国文.2013.系统功能语言学与生态话语分析[J].外语教学(3)：7-10.
闫娜.2018.系统功能视角下的和谐话语分析——生态文明概念的解读[J].牡丹江大学学报(4)：79-82.
杨阳.2018.系统功能视角下新闻报道的生态话语分析[J].北京第二外国语学院学报(1)：33-45.
佚名.2017.拯救濒危少数民族语言"国家队"加入[N/OL].央广网,2017-12-09[2019-03-16]. http://baijiahao.baidu.com/s?id=1586295412093469671&wfr=spider&for=pc.
佚名.[2019].亲戚关系图.百度图片,[2019-04-03]. https://image.baidu.com/search/detail?ct=503316480&z=0&ipn=d&word=%E4%BA%B2E6%88%9A%E5%85%B3%E7%B3%BB%E5%9B%BE&hs=2&pn=4&spn=0&di=53350&pi=0&rn=1&tn=baiduimagedetail&is=0%2C0&ie=utf-8&oe=utf-8&cl=2&lm=-1&cs=89904764%2C3804685163&os=1205257834%2C3453709348&simid=3282447010%2C265985313&adpicid=0&lpn=0&ln=30&fr=ala&fm=&sme=&cg=&bdtype=0&oriquery=%E4%BA%B2E6%88%9A%E5%85%B3%E7%B3%BB%E5%9B%BE&objurl=http%3A%2F%2Fs3.sinaimg.cn%2Fmw690%2Fb86fff e8gd46ee9a70dd2%26690&fromurl=ippr_z2C%24qAzdH3FAzdH3Fks52_z%26e3Bftgw_z%26e3Bv54_z%26e3BvgAzdH3FfAzdH3Fks52_lkvclbk0a8a8000y_z%26e3Bip4s&gsm=0&islist=&querylist=.
余正荣.2008.生态文化教养：创建生态文明所必需的国民素质[J].南京林业大学学报(人文社会科学版)(3)：150-158.
曾繁仁.2008.论生态美学与环境美学的关系[J].探索与争鸣(9)：61-63.
曾建平,黄以胜.2013."生态人"何以可能[J].鄱阳湖学刊(4)：13-18.
张国壮.2010.生态人：人类困境中的希望[M].北京：中国社会科学出版社.

张瑞杰.2018.系统功能语言学视角下话语生态性分析模式构建[D].北京:北京科技大学.

张瑞杰,何伟.2018.生态语言学视角下的人际意义系统[J].外语与外语教学(2):99-108.

赵唱,薛勇民.2017.生态素养培育的现实困境与实现路径[J].南通大学学报(社会科学版)(6):118-125.

赵军强.2018.对2017年国内扶贫工作英文简讯的和谐话语分析[J].英语教师(2):37-41.

赵奎英.2014.生态语言学与当代生态文学、文化研究的语言理论基础建构[J].文艺理论研究(4):182-190.

赵蕊华.2016.系统功能视角下生态话语分析的多层面模式——以生态报告中银无须鳕身份构建为例[J].中国外语(5):84-91.

赵蕊华.2018a.基于语料库的生态跨学科性及学科生态化表征研究[J].中国外语(4):54-60.

赵蕊华.2018b.基于语料库CCL的汉语语言生态研究——以"野生动物"为例[J].外语与外语教学(5):12-20.

赵蕊华,黄国文.2017.生态语言学研究与和谐话语分析——黄国文教授访谈录[J].当代外语研究(4):15-18,25.

郑红峰.2016.周易全书[M].北京:光明日报出版社.

郑家栋.2003.自然和谐与差等秩序[J].中国哲学史(1):11-12.

郑通涛.1985.语言的相关性原则——《语言生态学初探》之一[J].厦门大学学报(哲学社会科学版)(4):150-157.

周文娟.2012a.语言学研究的新视野:生态语言学[J].阴山学刊(1):70-72,89.

周文娟.2012b.现代生态语言学的回顾、反思及本土化探索研究[J].内蒙古工业大学学报(社会科学版)(2):56-59.

周文娟.2012c.英语系统的生态性与非生态性研究[J].内蒙古农业大学学报(社会科学版)(5):190-192.

周文娟.2016.破而后立——语言生态学整合发展论述评[J].内蒙古工业大学学报(社会科学版)(2):58-63.

周文娟.2017.中国语境下生态语言学研究的理念与实践——黄国文生态语言学研究述评[J].西安外国语大学学报(3):24-28.

周文娟.2018a.论国际语境下生态语言学的儒学范式[J].北京第二外国语学院学报(1):15-32.

周文娟.2018b.国外生态语言学在中国的引介述评[J].外语与外语教学

(5):21-25,147.

周文娟.2018c.汉语环保公示语的生态分析[J].外国语言文学(5):519-534.

周文娟.2019a.生态语言学的三个研究视角[J].阴山学刊:待刊出.

周文娟.2019b.生态语言学的新视角:和谐生态语言学[J].阴山学刊(2):78-82.

周文娟,斯蒂芬·考利.2017.分布式语言运动及其对于生态语言学与认知科学的重要启示——斯蒂芬·考利教授访谈录[J].鄱阳湖学刊(2):36-45.

朱长河.2008.认知语言学与生态语言学的结合——以词汇系统为例的可行性分析[J].四川外语学院学报(2):18-22.

ALBA-JUEZ L. 2009. Perspectives on discourse analysis: theory and practice [M]. Newcastle upon Tyne: Cambridge Scholars Publishing.

ALEXANDER R. 2009. Framing discourse on the environment: a critical discourse approach [M]. London: Routledge.

ALEXANDER R, STIBBE A. 2014. From the analysis of ecological discourse to the ecological analysis of discourse [J]. Language Sciences, (41):104-110.

BANG J C, DØØR J. 1993. Ecolinguistics: a framework [C]// Selected papers from AILA 1993 Tokyo. Tokyo: Waseda University Press: 31-60.

BANG J C, DØØR J. 2007. Language, ecology, and society: a dialectical approach [M]. STEFFENSEN S V, NASH J, ed. London: Continuum.

BANG J C, TRAMPE W. 2014. Aspects of an ecological theory of language [J]. Language Sciences, (41):83-92.

BARTLETT T. 2012. Hybrid voices and collaborative change: contextualising positive discourse analysis [M]. London: Routledge.

BARTLETT T. 2018. Positive discourse analysis [C]// FLOWERDEW J, RICHARDSON J E. The Routledge handbook of critical discourse studies. London: Routledge: 133-147.

BEDNAREK M, CAPLE H. 2010. Playing with environmental stories in the news—good or bad practice? [J]. Discourse & Communication, (1):5-31.

BOGUSLAWSKA-TAFELSKA M. 2016. Ecolinguistics: communication processes at the seam of life [M]. New York: Peter Lang.

BOOKCHIN M. 1994. Which way for the ecology movement? [M]. Oakland, CA: AK Press.

BOOKCHIN M. 2005. The ecology of freedom: the emergence and dissolution of hierarchy [M].Oakland, CA: AK Press.

BOWERS C. 2014. The false promises of the digital revolution: how computers transform education, work, and international development in ways that undermine an ecologically sustainable future [M]. New York: Peter Lang.

BUNDSGAARD J, STEFFENSEN S V. 2002. The dialectics of ecological morphology — or the morphology of dialectics [C]. [2019-01-11]. http://www. eli. sdu. dk.

CARVALHO A. 2005. Representing the politics of the greenhouse effect: discursive strategies in the British media [J].Critical Discourse Studies, (1): 1-29.

CHEN C, PARK T, WANG X H, et al. 2019. China and India lead in greening of the world through land-use management [J/OL]. [2019-02-11]. https://www.nature.com/articles/s41893-019-0220-7.

CHEN Y M. 2014. Exploring the attitudinal variations in the Chinese English-language press on the 2013 air pollution incident [J]. Discourse & Communication, (4): 331-349.

COOK G. 1998/2001. Discourse analysis [C]// JOHNSON K, JOHNSON H. Encyclopedic dictionary of applied linguistics: a hand book for language teaching. Oxford: Blackwell / Beijing: Foreign Language Teaching and Research Press, 99-101.

COUTO H. 2014. Ecological approaches in linguistics: a historical overview [J]. Language Sciences, (41): 122-128.

COUTO H. 2018. Ecosystemic linguistics [C] // FILL A, PENZ H. The Routledge handbook of ecolinguistics. London: Routledge: 149-161.

COWLEY S. 2011. Distributed language [C]. Amsterdam: John Benjamins.

COWLEY S. 2014. Bio-ecology and language: a necessary unity [J]. Language Sciences, (41): 60-70.

COWLEY S. 2018. Life and language: is meaning biosemiotic? [J]. Language Sciences, (67): 46-58.

ELIASSON S. 2015. The birth of language ecology: interdisciplinary influences in Einar Haugen's "The ecology of language" [J]. Language Sciences, (50): 78-92.

FAWCETT R. 2008. Invitation to systemic functional linguistics through the Cardiff grammar: an extension and simplification of Halliday's systemic functional grammar: 3rd ed [M]. London: Equinox.

FILL A. 2001. Ecolinguistics: states of the art [C]// FILL A, MÜHLHÄUSLER P. The ecolinguistics reader: language, ecology and environment. London: Continuum, 43-53.

FILL A. 2010. The language impact: evolution—system—discourse [M]. London & Oakville: Equinox.

FILL A. 2018. Introduction [C]// FILL A, PENZ, H. The Routledge handbook of ecolinguistics. London: Routledge: 1-7.

FILL A, MÜHLHÄSLER P. 2001. The ecolinguistics reader: language, ecology and environment [C]. London: Continuum.

FILL A, PENZ H. 2008. Sustaining language: essays in applied ecolinguistics [C]. Vienna & Berlin: LIT Publishers.

FILL A, PENZ H. 2018a. The Routledge handbook of ecolinguistics [C]. London: Routledge.

FILL A, PENZ H. 2018b. Ecolinguistics in the first century: new orientations and future horizons [C]// FILL A, PENZ H. The Routledge handbook of ecolinguistics. London: Routledge: 437-443.

FINKE P. 2014. The ecology of science and its consequences for the ecology of language [J]. Language Sciences, (41): 71-82.

FINKE P. 2018. Transdisciplinary linguistics: ecolinguistics as a pacemaker into a new scientific age [C]// FILL A, PENZ H. The Routledge handbook of ecolinguistics. London: Routledge: 406-419.

FLOWERDEW J. 2008. Critical discourse analysis and strategies of resistance [C]// BHATIA V J, FLOWERDEW J, JONES R H. Advances in discourse studies. London: Routledge: 195-210.

FOWLER R. 1991. Language in the news: discourse and ideology in the press [M]. London: Routledge.

FOWLER R. 1996. Linguistic criticism [M]. Oxford: Oxford University Press.

GARNER M. 2004. Language: an ecological view [M]. Bern: Peter Lang.

GARNER M. 2014. Language rules and language ecology [J]. Language Sciences, (41): 111-121.

GIBSON J. 1979/1986.The ecological approach to visual perception [M]. Hillsdale: Lawrence Erlbaum Associates, Inc.

GLOTFELTY C. 1996. Introduction: literary studies in an age of environmental crisis [C]// GLOTFELTY C, FROMM H. The ecocriticism reader: landmarks in literary ecology. Athens: University of Georgia Press: xviii.

GOATLY A. 1996. Green grammar and grammatical metaphor, or language and myth of power, or metaphors we die by [J]. Journal of Pragmatics, (25): 537-560.

GOATLY A. 2014. Nature and grammar [C]// COFFIN C, HEWINGS A, O'HALLORAN K. Analysing English grammar: corpus and functional approaches. London: Routledge: 197-215.

GOATLY A. 2018. Lexicogrammar and ecolinguistics [A]// FILL A, PENZ P. The Routledge handbook of ecolinguistics. London: Routledge: 227-248.

HAECKEL E. 2011. The riddle of the universe at the close of the nineteenth century [M]. MCCABE J, trans. Cambridge: CUP.

HALLIDAY M A K. 1978. Language as social semiotic: the social interpretation of language and meaning [M]. London: Arnold.

HALLIDAY M A K. 1990/2001. New ways of meaning: the challenge to applied linguistics [J]. Journal of Applied Linguistics, (6): 7-36. Reprinted in FILL A, MÜHLHÄSLER P. 2001. The ecolinguistics reader: language, ecology and environment [C]. London: Continuum.: 175-202

HALLIDAY M A K. 1995/2006. Language and the reshaping of human experience [C]// WEBSTER J. Collected works of M. A. K. Halliday: Vol. 5 The language of science. London: Continuum: 7-23.

HALLIDAY M A K. 1996. On grammar and grammatics [C]// HASAN R, CLORAN C, BUTT D. Functional descriptions: theory and practice. Amsterdam: John Benjamins, 1-38.Reprinted in WEBSTER J. 2002. Collected works of M. A. K. Halliday. Vol. 1 On grammar. London: Continuum: 384-417.

HALLIDAY M A K. 2007. Applied linguistics as an evolving theme [C]//

WEBSTER J. Collected works of M. A. K. Halliday: Vol. 9 Language and education. London: Continuum: 1 – 19.

HALLIDAY M A K. 2009. Method-techniques-problems [C]// HALLIDAY M A K, WEBSTER J. The continuum companion to systemic functional linguistics. London: Continuum: 59 – 86.

HALLIDAY M A K. 2015. The influence of Marxism [C]// WEBSTER J. The bloomsbury companion to M. A. K. Halliday. London: Bloomsbury Academic: 94 – 100.

HALLIDAY M A K. 1993/2007. Language in a changing world [C]// WEBSTER J. Collected works of M. A. K. Halliday: Vol. 3 On language and linguistics. Beijing: Peking University Press: 213 – 231.

HALLIDAY M A K, MATTHIESSEN C M I M. 1999. Construing experience through meaning: a language-based approach to cognition [M]. London: Cassell.

HALLIDAY M A K, MATTHIESSEN C M I M. 2004. An introduction to functional grammar: 3rd ed [M]. London: Routledge.

HALLIDAY M A K, MATTHIESSEN C M I M. 2014. An introduction to functional grammar: 4th ed [M]. London: Routledge.

HAUGEN E. 1970. On the ecology of languages [Z]. Talk delivered at a conference at Burg Wartenstein, Austria.

HAUGEN E. 1972/2001. The ecology of language [C]// DIL A S. The ecology of language: essays by Einar Haugen. Stanford: Stanford University Press, 325 – 339. Reprinted in FILL A, MÜHLHÄUSLER P. 2001. The ecolinguistics reader: language, ecology and environment. London: Continuum: 57 – 66.

HEUBERGER R. 2007 Language and ideology: a brief survey of anthropocentrism and speciesism in English [C]// FILL A, PENZ H. Sustaining language: essays in applied ecolinguistics. Vienna & Berlin: LIT Publishers: 149 – 172.

KENDALL G. 2007. What is critical discourse analysis? Ruth Wodak in conversation with Gavin Kendall [J/OL]. Forum Qualitative Sozialforschung/Forum: Qualitative Social Research, 8 (2). Art. 29. [2019 – 01 – 20]. http://nbn-resolving.de/urn: nbn: de: 0114-fqs0702297.

KRAMSCH C. 2002. Language acquisition and language socialization:

ecological perspectives [C]. London: Continuum.

KRAMSCH C. 2008. Ecological perspectives on foreign language education [J]. Language Teaching, (3): 389-408.

KRAMSCH C, STEFFENSEN S V. 2008. Ecological perspectives on second language acquisition and socialization [C]// HOMBERGER N, DUFF P. Encyclopedia of language and education. New York: Springer: 2595-2606.

KRAVCHENKO A. 2016a. Two views on language ecology and ecolinguistics [J]. Language Sciences, (54): 102-113.

KRAVCHENKO A. 2016b. Language as human ecology: a new agenda for linguistic education [J]. New Ideas in Psychology, (42): 14-20.

KRESS G. 1996. Representational resources and the production of subjectivity: questions for the theoretical development of critical discourse analysis in a multicultural society [C]// CALDAS-COULTHARD C R, COULTHARD M. Texts and practices: readings in critical discourse analysis. London: Routledge: 15-31.

KRESS G. 2000. Design and transformation: new theories of meaning [C]// COPE B, KALANTZIS M. Multiliteracies: literacy learning and the design of social futures. London: Routledge: 153-161.

LEATHER J, VAN DAM J. 2003. Ecology of language acquisition [M]. Dordrecht: Kluwer Academic Publishers.

LUKE A. 2002. Beyond science and ideology critique: developments in critical discourse analysis [J]. Annual Review of Applied Linguistics, (22): 96-110.

MARTIN J R. 1986. Grammaticalising ecology: the politics of baby seals and kangaroos [C]// THREADGOLD T, GROSZ E A, KRESS G, et al. Semiotics, ideology, language. Sydney: Sydney Association for Studies in Society and Culture: 225-268.

MARTIN J R. 2000. Grammar meets genre: reflections on the Sydney School [J]. Arts: The Journal of the Sydney University Arts Association, (22): 47-95.

MARTIN J R. 2004/2012. Positive discourse analysis [C]// 王振华.马丁文集:第6卷.上海:上海交通大学出版社: 278-298.

MARTIN J R. 2013. Interviews with M. A. K. Halliday: language turned back on himself [C]. London: Bloomsbury Academic.

MATTHIESSEN C M I M. 2009. Ideas and new directions [C]// HALLIDAY M A K, WEBSTER J. The continuum companion to systemic functional linguistics. London: Continuum: 12 – 58.

MÜHLHÄUSLER P. 2002. Linguistic ecology: language change and linguistic imperialism in the pacific region [M]. London: Routledge.

MÜHLHÄUSLER P. 2003. Language of environment, environment of language: a course in ecolinguistics [M]. London: Battlebridge.

MURATA K. 2007. Pro- and anti-whaling discourses in British and Japanese newspaper reports in comparison: a cross-cultural perspective [J]. Discourse & Society, (6): 741 – 764.

NAESS A. 1989. Ecology, community and lifestyle: outline of an ecosophy [M]. ROTHENBERG D, trans. Cambridge: CUP.

NAESS A. 1995. The shallow and the deep, long-range ecology movement: a summary [C]// DRENGSON A, INOUE Y. The deep ecology movement: an introductory anthology. Berkeley, CA: North Atlantic Books: 3 – 10.

NASA.2019. Good news for green thumbs [Z]. 2019 – 02 – 11 [2019 – 02 – 25]. https://twitter.com/NASA/status/ 1095144214533410816.

ORR D. 1992. Ecological literacy: education and the transition to a postmodern world [M]. Albany: State University of New York Press.

SCHLEPPEGRELL M J. 1997. What makes a grammar green? [J]. Journal of Pragmatics, (28): 245 – 248.

STAMOU A G, PARASKEVOPOULOS S. 2008. Representing protection action in an ecotourism setting: a critical discourse analysis of visitors' books at a Greek reserve [J]. Critical Discourse Studies, (1): 35 – 54.

STEFFENSEN S V, FILL A. 2014. Ecolinguistics: the state of the art and future horizons [J]. Language Sciences, (41): 6 – 25.

STEFFENSEN S V, NASH J, ed. 2007. Language, ecology and society: a dialectical approach [C]. London: Continuum.

STIBBE A. 2001. Language, power and the social constructions of animals [J]. Society & Animals, (2): 145 – 161.

STIBBE A. 2004. Environmental education across cultures: beyond the discourse of shallow environmentalism [J]. Language & Intercultural Communication, (4): 242 – 260.

STIBBE A. 2005. Counter-discourses and the relationship between humans and other animals [J]. Anthrozoös, (1): 3-17.

STIBBE A. 2009. The handbook of sustainability literacy: skills for a changing world [C]. Totnes: Green Books.

STIBBE A. 2012. Animals erased: discourse, ecology, and reconnection with the natural world [M]. Middletown, CT: Wesleyan University Press.

STIBBE A. 2014. An ecolinguistic approach to critical discourse studies [J]. Critical Discourse Studies, (11): 117-128.

STIBBE A. 2015. Ecolinguistics: language, ecology and the stories we live by [M]. London: Routledge.

STIBBE A. 2018. Positive discourse analysis: rethinking human ecological relationships [C]// FILL A, PENZ H. The Routledge handbook of ecolinguistics. London: Routledge: 165-178.

STIBBE A, ZUNINO F. 2008 Boyd's forest dragon or the survival of humanity: discourse and the social construction of biodiversity [C]// DOERING M, PENZ H, TRAMPE W. Language, signs and nature: ecolinguistic dimensions of environmental discourse. Tübingen: Stauffenburg Verlag: 165-181.

TUDOR I. 2003. Learning to live with complexity: towards an ecological perspective on language teaching [J]. System, (31): 1-12.

VAN LIER L. 2002. An ecological-semiotic perspective on language and linguistics [C]// KRAMSCH C. Language acquisition and language socialization. London: Continuum: 140-164.

VAN LIER L. 2004. The ecology and semiotics of language learning: a sociocultural perspective [M]. Boston: Kluwer Academic Publishers.

WCS (The Wildlife Conservation Society). 2019. "Our Work-Overview" [Z]. [2019-04-10]. https://www.wcs.org/our-work.

WIDDOWSON H G. 2000. On the limitation of linguistics applied [J]. Applied Linguistics, (1): 3-25.

WODAK R. 2011. Critical discourse analysis [C]// HYLAND K, PALTRIDGE B. The continuum companion to discourse analysis. London: Continuum: 38-53.

ZHAO R H, CHEN Y M. (in prep.) From "economic growth first" to "lucid waters and lush mountains are invaluable assets": a study on the interpretation of development in China from the perspective of eco-

discourse analysis [J]. Journal of World Languages.
ZHOU W J. 2017. Ecolinguistics: towards a new harmony [J]. Language Sciences, (62): 124-138.
ZHOU W J, HUANG G W. 2017. Chinese ecological discourse: a Confucian-Daoist inquiry [J]. Journal of Multicultural Discourses, (3): 264-281.